アクアフィットネス教本

柴田義晴　原 英喜 [編著]

大修館書店

PREFACE
まえがき

　アクアフィットネスは，水のパワー（水温，水圧，浮力，水抵抗等）を利用した水中の身体活動により，全身に適切な運動刺激を加えて体力つくりを目指す運動です。今日では，種々の競技選手は元より，水泳愛好家，高齢者，過体重者，リハビリテーションを必要とする者等，数多くの人々によって親しまれています。その理由は，アクアフィットネスが老若男女だれにも簡単にでき，どのような体力レベルの人でも楽しく行え，しかも効果的な体力つくりや気分転換に期待できる運動だからです。

　本書は，主としてアクアフィットネス運動の指導者を支援するために作成されたものですが，もちろんアクアフィットネス愛好者にも十分活用できるよう平易な文章表現を試みました。全体の内容構成は，大別して「アクアフィットネスの紹介」「運動プログラムの作成」「目的に応じた実践」「対象者に応じた実践」に分けられ，その中では多くの人の要望に応えるため多種多様な実践例を取り上げておきました。

　また，本書では，読者のみなさんが行ってみたいアクアフィットネス運動を容易に探し出せるように工夫を試みました。一つは，番号を付けた運動については巻末のアクアフィットネス運動（具体例）で身体部位別，目的別にまとめ，その運動方法やバリエーションについて説明を加えています。もう一つは，読者の皆さんが興味を持っている運動が本書にあるならば，それがどこで取り上げられているかを容易に見つけ出せるように運動名の索引欄を設けています。

　本書の著者は，アクアフィットネスに関する生理学，解剖学，医学，体育学等の面で豊富な教育・研究活動を有し，また自らアクアフィットネスの実践者として活躍している方々です。本書は，そうした著者の知識と経験を結集させ，幾度となく議論を重ねかつ切磋琢磨して作り上げたもので，読者のみなさんの「体力つくり」や指導者のための「指導教本」として必ずお役に立てるものと確信いたします。また，本書がきっかけとなってアクアフィットネスがみなさんのライフスタイルに組み込まれ，健やかなライフステージを演じて頂けるようになれば，またそうした指導展開をして頂ければ私たちにとってこの上ない喜びであります。

　最後になりましたが，本書を刊行するに当たって多大なご支援とご協力を頂いた大修館書店の平井啓允氏，西阪治子氏に対して心より感謝致します。

平成15年5月31日
著者代表　柴　田　義　晴

CONTENTS 目 次

第1章 アクアフィットネスを始めよう………………………………………………………… 1
1 アクアフィットネスとは……………………………………………………………………… 1
〈1〉アクアフィットネスと浮力……………………………………… 2
〈2〉アクアフィットネスと水圧……………………………………… 2
〈3〉アクアフィットネスと水温……………………………………… 2
〈4〉アクアフィットネスと水位・水深……………………………… 4
〈5〉アクアフィットネスと心理的な効果…………………………… 4
2 アクアフィットネスを始める前に…………………………………………………………… 7
〈1〉メディカル・チェック…………………………………………… 7
  1)問診の重要性………………………………………………… 7
  2)内臓型肥満のチェック……………………………………… 8
  3)医師による診察と運動負荷心電図………………………… 8
  4)安全なアクアフィットネスへのまとめ…………………… 8
〈2〉施設・用具の正しい使い方……………………………………… 9
  1)アクアフィットネスに必要な個人的用具………………… 9
    ①水着 ②水泳帽 ③ゴーグル ④アクアシューズ ⑤腕時計
  2)アクアフィットネス用具と器具…………………………… 10
    ①キック板 ②パドル,アクアグローブ ③浮具 ④フィン ⑤フロートベルト
    ⑥フロートバーベル ⑦アクアステップ ⑧テザード用ストレッチコード
  3)アクアフィットネスに適した施設………………………… 12

第2章 アクアフィットネスの方法…………………………………………………………… 13
1 基本動作とアクアフィットネスの種類…………………………………………………… 14
〈1〉基本動作………………………………………………………… 14
  1)体の支持動作……………………………………………… 14
    ①プールサイドを用いた体の支持法 ②水中のスタンス
    ③用具や器具を用いた体の支持法
  2)関節運動…………………………………………………… 15
    ①屈曲動作と伸展動作 ②内転動作と外転動作 ③回内動作と回外動作
    ④内旋動作と外旋動作
  3)捻転動作…………………………………………………… 17
  4)振り子動作………………………………………………… 17
  5)跳躍動作…………………………………………………… 17
  6)歩行動作…………………………………………………… 17
  7)走行動作…………………………………………………… 18
〈2〉アクアフィットネスの種類…………………………………… 18
2 アクアフィットネスのプログラミング…………………………………………………… 19

- 〈1〉プログラミングの前に……………………………… 19
  - 1)健康状態の把握……………………………… 19
  - 2)体力レベルの確認…………………………… 19
    - ①握力テスト　②上体起こしテスト　③長座体前屈テスト　④反復横跳びテスト
    - ⑤20mシャトルランテスト　⑥立ち幅跳びテスト　⑦体力レベルの総合評価と体力年齢
- 〈2〉運動プログラムの基本構成……………………… 23
  - 1)ウォームアップ……………………………… 23
  - 2)メインエクササイズ………………………… 23
  - 3)クールダウン………………………………… 23
- 〈3〉運動プログラムの基本的要素…………………… 24
  - 1)頻度…………………………… 24
  - 2)強度…………………………… 24
    - ①心拍数　②呼吸数　③主観的運動強度
  - 3)持続時間……………………………… 26
- 〈4〉プログラム作成上の留意点……………………… 26
  - ①無理のない運動プログラムを作ろう　②水の特性を有効に活用しよう
  - ③正しい姿勢で行おう　④正しい呼吸法で行おう　⑤目標心拍数に向けて努力しよう
  - ⑥生活化(ライフワーク)に向けてがんばろう　⑦栄養と休養を十分にとろう
- 〈5〉運動プログラムの展開方法……………………… 27
  - 1)運動が物足りなくなったら………………… 27
    - ①反復回数　②負荷　③実施時間
  - 2)一日の運動プログラム……………………… 28

第3章　目的に応じたアクアフィットネスの実践…………………………… 32

1 コンディショニングのプログラム………………………………………… 32

- 〈1〉コンディショニングとアクアフィットネス……………………… 33
- 〈2〉プログラム………………………… 32
  - 1)全体的な筋肉量を増やす意味……………………… 33
  - 2)上肢の筋肉と動作…………………………… 33
    - ①手首の屈曲と伸展　②肘関節の屈曲と伸展　③肩関節の内旋と外旋
    - ④肩関節の内転と外転　⑤肩回し　⑥暖簾に腕押し
    - ⑦腕全体で水の抵抗を利用　⑧水平に腕を伸ばしそのままの状態で回旋
    - ⑨「糸巻き」のように，上体の前で前腕の回転
  - 3)下肢の筋肉と動作…………………………… 35
    - ①足関節の背屈　②膝関節の屈曲と伸展
    - ③股関節の屈曲と伸展，内旋と外旋，内転と外転　④キック
    - ⑤ストレート・レッグ・ウォーキング　⑥横歩き
    - ⑦がに股ジャンプで横歩き
    - ⑧膝を曲げての回旋
  - 4)躯幹(胴体)の筋肉と動作…………………………… 38
    - ①前屈と後屈と側屈　②腰部のひねり
  - 5)ひねる動作の重要性………………………… 38
  - 6)複合動作…………………………… 39

7) 4)〜6) で用いる運動プログラム･････････････････････････････ 39
　　　　①立って　②ジャンプをしながら　③歩きながら
　　　　④片足で立ってバランスをとる　⑤キック板を使って
　　　8)負荷の強さと持久性･･････････････････････････････ 40
　　〈3〉留意点････････････････････････････････ 40
　2　全身持久力を高めるプログラム･･ 41
　　〈1〉全身持久力とアクアフィットネス･････････････････････････ 41
　　〈2〉プログラム･･････････････････････ 41
　　　1)一定のスピードで続けられる速さの動作を行う････････････････････ 41
　　　2)長い時間続けられるような動作を行う･･････････････････ 42
　　　3) 1),2)で用いる運動プログラム･･･････････････････ 42
　　〈3〉留意点････････････････････････････ 43
　3　柔軟性を高めるアクアフィットネス････････････････････････････････････ 43
　　〈1〉柔軟な身体とアクアフィットネス･･･････････････････････ 43
　　〈2〉プログラム････････････････････ 43
　　　1)肩関節･････････････････････ 43
　　　2)股関節･････････････････････ 43
　　　3)脊椎･････････････････････ 44
　　　4)足関節･････････････････････ 44
　　〈3〉留意点･････････････････････ 44
　4　身体のダイナミックバランスを高めるプログラム･････････････････････････････ 45
　　〈1〉身体のダイナミックバランスとアクアフィットネス････････････････ 45
　　〈2〉プログラム･････････････････････ 45
　　〈3〉留意点････････････････････ 45
　5　ウェイトコントロールのプログラム･････････････････････････････････････ 46
　　〈1〉ウェイトコントロールとアクアフィットネス･･････････････････ 46
　　〈2〉プログラム･････････････････････ 45
　　　　①水中ウォーキング　②水中ジョギング　③アクアビックエクササイズ
　　　　④ディープウォーターエクササイズ
　　〈3〉留意点････････････････････････ 47
　6　リラクゼーションのプログラム･･･ 48
　　〈1〉リラクゼーションとアクアフィットネス･･････････････････ 48
　　〈2〉プログラム･････････････････････ 49
　　〈3〉留意点･････････････････････ 49

第4章　対象者に応じたアクアフィットネス ･･････････････････････････････････ 51
　1　子供のアクアフィットネス･･ 52
　　〈1〉発達特性･･････････････････ 52
　　　1)水深･････････････････････ 52
　　　2)水温と気温･････････････････ 52
　　〈2〉実践（幼児，小学生，喘息児）･･････････････････ 52
　　　1)乳幼児･････････････････････ 52
　　　　①ホッピング　②親子でメリーゴーラウンド　③ワニ歩き

　　　　④大股歩き　⑤水しぶき作り
　　2)小学生･････････････････････････54
　　　　①水中での前方回転　②水中での後方回転　③イルカ跳び　④逆立ち
　　3)喘息児･････････････････････････54
　　　　①ボールを吹きながら　②胸郭ストレッチング　③羽ばたきながら歩こう
　〈3〉留意点･･････････････････････････55
2　女性のアクアフィットネス･･････････････････････････････････････56
　〈1〉ウェイトコントロールのための運動･････････････････････56
　　1)身体的な特性･････････････････････56
　　2)実践･････････････････････56
　　　　①ウォームアップ　②エアロビック運動　③レジスタンストレーニング
　　　　④ゲーム　⑤クールダウン
　　3)留意点･････････････････････59
　〈2〉月経中のアクアフィットネス･････････････････････････59
　　1)月経中のアクアフィットネスの特性･････････････････････59
　　2)実践･････････････････････59
　　　　①ウォームアップ　②エアロビック運動　③レジスタンストレーニング
　　　　④クールダウン
　　3)留意点･････････････････････60
　〈3〉妊娠中のアクアフィットネス･････････････････････････61
　　1)妊娠中のアクアフィットネスの特性･････････････････････61
　　2)実践･････････････････････61
　　　　①ウォームアップ　②ウォーキング　③水中座禅
　　　　④リラクゼーション　⑤クールダウン
　　3)留意点･････････････････････62
3　中・高年者のアクアフィットネス･････････････････････････････63
　〈1〉身体的特性･････････････････････63
　〈2〉実践･････････････････････64
　　　　①ウォームアップ　②メインエクササイズ　③クールダウン
　〈3〉留意点･････････････････････66
4　スポーツ選手のアクアフィットネス･･････････････････････････67
　〈1〉身体的特性･････････････････････67
　〈2〉実践･････････････････････68
　　　　①ウォームアップ　②各種目ごとのアクアフィットネス
　　　　③ゲーム　④クールダウン
　〈3〉留意点･････････････････････70
5　整形外科的な問題を持った人のアクアフィットネス････････････････71
　〈1〉肩関節痛の予防と改善のためのアクアフィットネス･････････････････71
　　1)肩関節の動きの特徴･････････････････････71
　　2)実践･････････････････････71
　　　　①ウォームアップ　②メインエクササイズ　③クールダウン
　　3)留意点･････････････････････72
　〈2〉腰痛疾患の予防と改善のためのアクアフィットネス･････････････････72

1)腰痛疾患とその特徴･････････････････････････72
　　　　①腰痛症　②変形性脊椎症　③腰椎分離・辷り症
　　　2)実践･･････････････････････････････････････73
　　　　①ウォームアップ　②メインエクササイズ　③クールダウン
　　　3)留意点････････････････････････････････････74
　　　　①運動療法の目的　②運動療法の適応　③運動療法の禁忌
　　〈3〉股関節疾患や膝関節疾患者に対する予防と改善プログラム････････････74
　　　1)股関節疾患や膝関節疾患とその特徴･･････････････74
　　　2)実践･･････････････････････････････････････75
　　　　①ウォームアップ　②メインエクササイズ　③クールダウン
　　　3)留意点････････････････････････････････････75
　　　　①運動療法の目的　②運動療法の適応　③運動療法の禁忌

6 生活習慣病予防のためのアクアフィットネス･･････････････76
　　〈1〉運動療法としてのアクアフィットネス処方･････････････76
　　　1)運動種目を設定する要点････････････････････････76
　　　2)強度の設定の要点･･････････････････････････････76
　　　3)運動時間を設定する要点････････････････････････76
　　　4)運動頻度設定の要点････････････････････････････77
　　　5)進行度設定の要点･･････････････････････････････77
　　　6)運動量と運動効果･･････････････････････････････77
　　　7)内科疾患に対するアクアフィットネス処方のまとめ････78
　　〈2〉安全，かつ効果的な運動療法の実現のために･･････････79

参考･･81
　　〈1〉自己の体力評価法･･････････････････････････････81
　　〈2〉安全で楽しく行うための実践日誌，体調記録表･････82
　　〈3〉覚えておこう救急法････････････････････････････84
　　〈4〉地域アクアフィットネス教室の運営例･････････････85
　　〈5〉アクアフィットネス教室実践例･･････････････････86

アクアフィットネス運動････････････････････････90
運動名さくいん･･････････････････････････118

コラム・Q＆A
　　　COLUMN①･････････････････････････5
　　　COLUMN②･････････････････････････30

　　Q1 耳に入った水はどうしたら上手く取り除くことができますか？･･････････････12
　　Q2 けいれんが起きた場合，どのようにすればよいでしょうか？････････････････12
　　Q3 コンタクトレンズを利用していますが，毎回の装着脱を考えると面倒でアクアフィットネスを
　　　　始める決心がつきません。何かよい方法はないでしょうか？････････････････50
　　Q4 泳げなくてもできそうなので興味があります。でも水が怖いのですが，どうしたらよいでしょうか？････50
　　Q5 のぼせると鼻血を出すことがあります。その時の手当てはどのようにすればよいでしょうか？･････50
　　Q6 健康づくりを目的としたアクアフィットネスを組み入れた，具体的な運動プログラムを教えてください。･････80

第1章

アクアフィットネスを始めよう

AQUAFITNESS

1 アクアフィットネスとは

競技としての水泳が普及し，オリンピック大会やパンパシフィック選手権などが開催されるようになり，スイミングクラブに通う子どもからマスターズ大会を目指す高齢者まで多くの人々が水を利用したスポーツ活動を楽しんでいる。さらにここ数年は，「プールは泳ぎに行くところ」といった考え方から，「歩きに行く」ことも多くの人たちの目的となってきている。

水泳に馴染めなかった人たちの持つ，水泳を行わない理由は，息継ぎの難しさであったり，視界が得られないことへの不安であることが多い。そこで，水から受ける利点をうまく活用しながら，歩くことなど泳ぎにこだわらない運動形態が広まりつつある。顔を水に浸けないために，日常の視界を確保することができたり，息苦しさを気にしないで安心して運動ができるところにアクアフィットネスの良さがある。水深を浅くして顔を水に浸けずにすむこと，浮具を利用することで呼吸の困難さを経験しなくてもよい点が，アクアフィットネスの水泳と異なる利点ともいえる。プールの底に足を着けていられる安心感は，話をしながらだったり，指導者の指示や音楽を聴きながら行えることもあって，より簡単に楽しくということへ繋がって行くのである。

1 アクアフィットネスと浮力

アクアフィットネスの利点は，水の浮力による体重の減少効果である。図1-1は，日本人女性（20歳代）の各部位に対応した水中での体重変化である。腰部（大転子）の水位で体重の60％，鎖骨下部で13％である。

このようなことからアクアフィットネスは，高齢者，肥満者，妊婦等の運動処方，糖尿病の運動療法，そして，腰痛対策に大きな利点となる。同時に，陸上では困難な姿勢や動きを浮力の助けを借りて容易に行うことができる。例えば水中片足立ちは，陸上とは比較にならないほど簡単に，しかも長時間行える。さらに大きな関節可動域を確保でき，大きなストライドで歩行することもできる。

スポーツ外傷，障害におけるアスレチックリハビリテーションでは，浮力を活用して加重の調節を行い，同時に，関節可動域を回復させるためのプログラムとして大いに利用されている。

2 アクアフィットネスと水圧

水圧は $1\,kg/\ell$ の割合で体にかかる。その大きさは，水深が深くなるほど大きくなる。水圧の影響は，血圧と心拍数の変化を見るとよく理解できる。水圧は，静脈還流（末梢から心臓に静脈血が還ること）を促進する。胸部エコーで大静脈血管を観察すると，胸部までの浸水で明らかにその直径が大きくなっている。このことによって心房に戻ってくる血液量が増大するため，一回拍出量が多くなり，その結果，心拍数は減少する。

表1-1に陸上での立位姿勢と水中立位姿勢（水位は腰部）における心拍数の変化を示した。およ

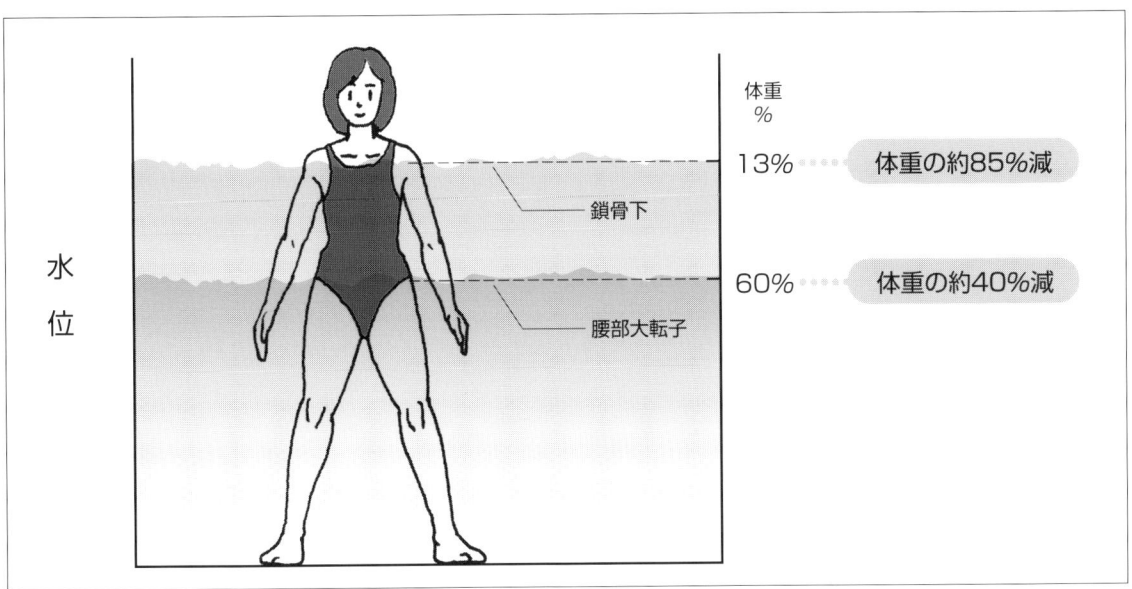

図1-1　水位と浮力の関係　成人女性20歳代の場合

そ5拍／分程度減少する。浸水すると血圧（収縮期血圧）は，ほとんどの場合（安静時に正常な血圧の人）は，陸上よりも低くなる。表1-2は陸上条件と水中条件で比較した水中トレッドミル歩行時（同一強度）の血圧の変化である。若年者は低下するが，年齢を重ねるほどその割合が低いようである。また，図1-2は水中と陸上で酸素摂取量が同じになるように運動負荷をコントロールしたときの心拍数と血圧変化である。運動中，収縮期の血圧は有意に低下し，運動終了後，拡張期の血圧が有意に低下する。これらの変化は，水圧の影響であると考えられる。また，水位を胸部（鎖骨下）にとると，胸部が圧迫されて胸囲がわずかではあるが減少する。このことが肺活量にも影響し，わずかに減

表1-1　陸上（立位）と水中（立位）における心拍数の変化（拍／分）

	A	B	C	D	E	F	G
陸上	70	54	64	65	63	58	69
水中	66	50	59	60	60	54	66

表1-2　陸上条件と水中条件で比較した各年代の血圧変化（mmHg）

被験者群			陸上条件	水中条件（腰部）
グループⅠ (21.8±0.4歳)	収縮期血圧	前　値	113±8.2	100±7.8*
		直　後	114±8.4	102±8.3*
		5分後	114±8.2	102±7.6*
	拡張期血圧	前　値	68±3.4	57±7.2*
		直　後	68±6.1	60±3.4
		5分後	68±5.2	60±3.2
グループⅡ (38.0±6.7歳)	収縮期血圧	前　値	125±11.4	117±8.9
		直　後	124±12.3	125±8.4
		5分後	124±12.0	126±8.0
	拡張期血圧	前　値	70±7.1	73±6.5
		直　後	78±8.9	76±7.4
		5分後	80±9.6	74±5.7
グループⅢ (55.4±7.3歳)	収縮期血圧	前　値	124±19.5	137±17.0
		直　後	132±13.9	140±15.0
		5分後	130±14.4	137±12.7
	拡張期血圧	前　値	84±6.9	78±10.0
		直　後	78±20.0	80±7.7
		5分後	81±9.6	80±8.7

($*P<0.05$)

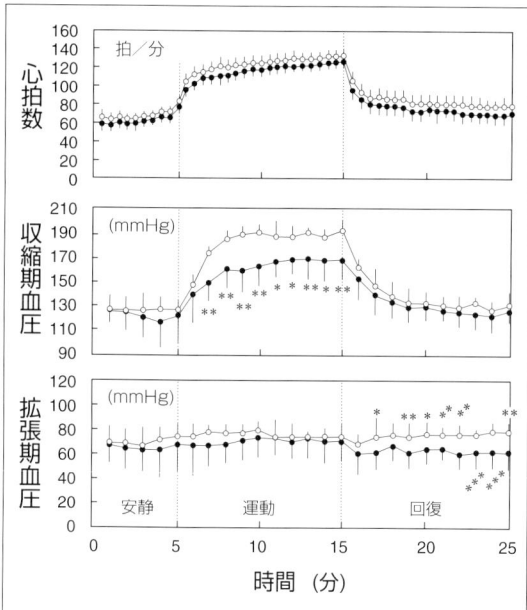

水中運動と陸上運動における安静・運動・回復期の心拍数、収縮期血圧と拡張期血圧の推移。値は平均値と標準偏差で示し、水中と陸上運動の有意差（*）を示した。
 *: p＜0.05, **: p＜0.01, ***: p＜0.001

図1-2 同一運動強度における水中と陸上の心拍数と血圧の比較

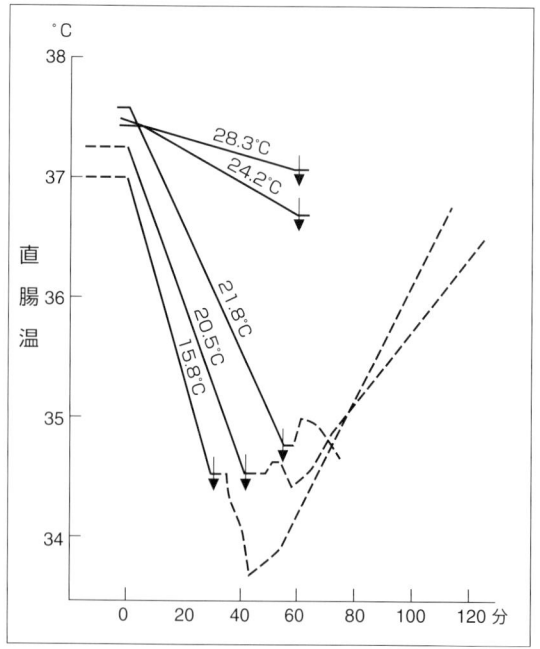

図1-3 水温の違いによる体温の低下の傾向 (Pugh, 1955)

少する。一方でこの圧迫に対して横隔膜ががんばり、呼吸のトレーニングとなる。

3　アクアフィットネスと水温

　アクアフィットネスに適した水温は、30℃～32℃の範囲である。国内の温水プールは、ほぼこの範囲に保たれている（競技プールは除く）。ところが、ちょっとでも低いと感じるとアクアフィットネスの動きがにぶくなる。その原因は直腸温の低下にある。低温になればなるほど直腸温は短時間に低下する。図1-3に水温変化に対する水中での直腸温変化を示した。水温との関係を説明するときによく用いられる報告である。ヒトの直腸温は常に一定ではなく日内変動する。その変動には個人差があるが、正常な睡眠をとっている場合、午前中は安定するとされる。

　水に入ると、「暖かい」「ちょうどよい」「寒い」等の感じを誰でも受ける。「暖かい」か「ちょうどよい」ぐらいの水温が適切であり、室内温度との差もできるだけ少なくすることがよい。「寒い」と感じると心理学的な影響を与えるので季節に合った室温の設定も考慮に入れたい。

4　アクアフィットネスと水位・水深

　水位・水深は、アクアフィットネスの運動強度に大きな影響を及ぼす。プールフロアーで行う水中ウォーキングの場合、水位が高くなるほど、水深が深くなるほど前方に受ける水の抵抗が増加する。そのために運動強度が高くなる。

　プールでの水中ウォーキングは、陸上での歩行速度（歩速）よりもかなり遅い歩速となる。前に

進もうとする体全体が水の抵抗を受けるためである。実際に行ってみると，水位を腰部にとったとき3km/hが限界であり，1.8km/h前後が適切である。

アクアフィットネスを行う上でもう1つ水位について注意するべきことは，バランスをとりやすい水位とバランスを崩してしまう水位があることである。体にはバランスをコントロールするのがうまい水位とへたな水位がある。例えば，膝から下の水位ではうまく歩けないことを多くの人が知っている。また，顔だけを出すような深さでも，うまくバランスをとれないものである。アクアフィットネスに適した水位は，腰部から胸部にかけてである。

5　アクアフィットネスと心理的な効果

アクアフィットネスは，心理学的な治療の一手段として活用され，大きな効果をあげてきた。例えば自閉症児に対する水泳指導は，ムーブメント教育の一環であり，大きな成果をあげている。ムーブメント教育とは，自閉症児が水を媒体としたコミュニケーションの輪をどんどん広げられるようにする教育方法である。アクアフィットネスを活用したムーブメント教育によって，自閉症児が社会性を得ることができるようになる。浮き具を用いた水中リラクゼーションは，無重力に近い状態を経験することによって精神的な安定を得ようとするものであり，心拍数変化から副交感神経系が優位になるとされている。

また，スポーツ外傷・障害におけるアスレティックリハビリテーションを行う際，水中における動作・姿勢等のトレーニングは，スポーツに復帰できる糸口に着手できたという安心感を与える。そして，次の段階へのステップとして大きな動機づけとなる。

COLUMN ①

フィンランドのイバスキラ大学の温水プールで実際に行われているアクアフィットネスを紹介する。イバスキラ大学の温水プールは，室内が明るく保たれるように採光が工夫されていた。施設構成は，8コースの50mプール，高飛び込み用プール，児童用プール，高齢者および障害者用プールである。特に高齢者と障害者および児童が安心して利用できるような階段とスロープ，そしてロープが設置してあった。階段の高さも普通の高さとその中段に，もうひとつの階段があり，大きな配慮が感じとれた。プールサイドにはゆったり休めるイスと，語らうことができるスペースがあり，いたるところに緑が配置されていた。

日頃行われている高齢者のためのアクアフィットネス（実際のプログラムにそう表示してあった）は次のようであった。写真4はボールの押し合いゲームである。ボールを中央におきビート板で波をつくる。もちろんビート板の大きさには大小があり，それぞれもつ大きさが個々に割り当てられていた。知らず知らずのうちに上肢の伸展系のト

写真1〜3　イバスキラ大学の温水プール

▼P6につづく

レーニングを高齢者は行っていた。写真5は水中でのフォークダンスである。水は横方向に動いたときだけでなく縦方向にもあらゆる方向に負荷が生じる。水の負荷を上手に取り入れたプログラムである。次は両腕を横方向に動かす運動である。肩関節を中心とした水平方向の筋力は伸展・屈曲よりも少なめである。ビート板より小さめのパドルを両手につけ両腕を開くようにあるいはあわせるように展開している。写真6は水中での腹筋運動である。両肩に浮き輪をつけ指導者の動きにあわせてゆっくりしたペースで進んでいた。指導者は最後の高齢者が終わったのを確認して次の運動に移るように配慮していた。写真7は膝関節を深く屈曲させ、その後両腕を挙上しながら膝伸展を行っている。全員両腕が高くあがっていた。連帯感が生まれるような配慮から輪になってこの運動は続いた。最後は浮き具を使ってのリラックスである（写真8）。

　イバスキラ大学では、約20くらいの対象別，目的別のアクアフィットネスがプログラムに組まれていた。市民は事前に大学のメディカルセンターでチェックを受け，適切なグループに分けられた。障害者用の特別プログラムもあり，週2～3回実施されている。常にメディカルセンターと連絡を取りプログラムが変更されるシステムである。北欧の冬は長く日も早く沈む。そうした自然環境が室内施設と利用システムを生み出し，アクアフィットネスの普及に貢献している。

写真5　水中フォークダンス

写真6　水中腹筋運動

写真7　挙上ジャンプ

写真4　ボール押し合いゲーム

写真8　水中リラクゼーション

2 アクアフィットネスを始める前に

1 メディカル・チェック

メディカル・チェック(medical check-up)の語源は，チェスで王手の意味で使われる「チェック・アップ」に由来するらしい．つまり，王手となる前に事故の原因となる異常を早期発見して，予防に努めるのが，メディカル・チェックの本来の狙いと言える．運動時の重症事故の発生を効率的に予防するためには，虚血性心疾患をはじめとする循環器系に対するスクリーニングが有効であり，以下にその具体的な手順と要点について示す．

1）問診の重要性

メディカル・チェックにおいて，問診の果たす役割は非常に大きい．問診は受診者の既往歴や現在の健康状態のみならず，その人の運動の目的，好きな種目，これまでの運動経験や日頃どれくらい運動を行っているかが浮き彫りになってくる．さらに，性格や仕事などライフスタイルやどのような環境で生活を送っているかなどの背景を知る上で，最も有効な手段である．

一般に運動性突然死の例では前もって何らかの症状を訴えていた場合が少なくない．また，運動時の事故発生には，本人が無理をしていなかったかとか，徹夜明けや食事を十分食べていたかなども密接に関連している．さらに，一般に心臓性突然死，心筋梗塞を起こした場合は，時間的には起きてから1〜2時間後が最も多い．したがって，これらのデータを踏まえて問診の要点を整理すると，特に胸部症状が無かったか，心疾患を疑う危険因子を持っていたのではないかなど日常生活について重点的に聴き取るのが望ましいと考えられる．

そこで，表1-3には米国スポーツ医学会が運動プログラム導入前のリスク評価としてチェックすべきとする自覚症状と兆候を，また表1-4には心筋梗塞・狭心症の危険因子（冠危険因子）を示した．

表1-3　米国スポーツ医学会が示す運動前にリスク評価としてチェックすべき自覚症状・兆候

1. 虚血を疑う胸部及びその周辺部の疼痛，不快感
2. 激しい息切れ，または軽労作に伴う息切れ
3. 回転性眩暈，または意識消失
4. 起座呼吸／発作性夜間呼吸困難
5. 踵部の浮腫
6. 動悸，または頻脈
7. 跛行
8. 心雑音

※上記の症状は必ずしも心肺疾患や代謝性疾患に特有なものではなく，それが出現した臨床経過と合わせて判断しなければならない．

表1-4　心筋梗塞・狭心症の危険因子（冠危険因子）

1. 高血圧………収縮期血圧≧140
   かつ／または拡張期血圧≧90mmHg
2. 高脂血症……下記のいずれかを満たす
   ・総コレステロール≧220mg／dℓ
   ・HDLコレステロール≦40mg／dℓ
   ・トリグリセライド≧150mg／dℓ
3. 喫　煙
4. 運動不足
5. 糖尿病………空腹時血糖≧120mg／dℓ
6. 肥　満………Body Mass Index≧24.0
7. 家族歴………心筋梗塞・狭心症，または突然死
8. 高尿酸血症
9. ストレス
10. タイプA性格
11. 加　齢………男性≧45歳　女性≧55歳
12. 心電図異常…左室肥大所見　他

2) 内臓型肥満のチェック

高血圧，糖尿病，高脂血症などの危険因子を持っていないか予測するには，内臓型肥満のチェックが効率的である．容易な方法として，一般的に内臓型肥満は下半身（西洋ナシ）型よりも上半身（リンゴ）型肥満例に多くみられることから，腹部周囲径を殿部周囲径で除したウエスト／ヒップ比を計算するのが判りやすい．この場合，表1-5のように，ウエスト／ヒップ比が男性では0.9，女性では0.8以上が，内臓型肥満の存在を疑わせる値となる．その他，体重（kg）を身長（m）の二乗で除したBody Mass Index（BMI）が26.4を超えると，糖尿病や高血圧，また高脂血症などが合併している割合が高くなることも忘れられない．

表1-5　上半身（リンゴ）型肥満の判定基準

男　性：ウエスト／ヒップ≧0.9
女　性：ウエスト／ヒップ≧0.8

表1-6　安全なアクアフィットネス実現のための問診票（例）

氏名：　　　　　年齢：　　歳　性別：□男　□女
Ⅰ．既往歴：
・つぎのような病気を指摘されたことがありますか？
　□心筋梗塞　□狭心症　□先天性心疾患　□不整脈
　□心筋症　□心筋炎　□心不全　□その他の心疾患
Ⅱ．家族歴：
・血縁のご家族（両親，兄弟）で，心筋梗塞や突然死を起こした方はいますか？
　□はい　□いいえ　□わからない
Ⅲ．自覚症状：
・以下のような症状を経験したことがありますか？
　□運動中や後に，胸部が発作的に痛んだり，重苦しくなったこと
　□軽い運動でも，普通でないほど激しい息切れを感じたこと
　□運動中や後にめまいや気を失いそうになったこと
　□運動中や後に，動悸が止まらなくなったこと
Ⅳ．危険因子：
・次の事を指摘されたことがありますか（危険因子）
　(1) 高血圧　　：□はい　□いいえ　□治療中
　(2) 高脂血症　：□はい　□いいえ　□治療中
　(3) 糖尿病　　：□はい　□いいえ　□治療中
　(4) 痛風／高尿酸血症：
　　　　　　　　　□はい　□いいえ　□治療中
　(5) 心雑音　　：□はい　□いいえ　□治療中
　(6) 心電図異常：
　　　　　　　　　□はい　□いいえ　□治療中
　(7) 肥　満　　：□はい　□いいえ　□治療中
　　　　身長　　cm 体重　　kg　→　BMI
タバコを吸いますか？：□はい　　□いいえ
「はい」と答えた場合：　　　本／日×　　年間
・定期的に運動していますか：□はい　　□いいえ
「はい」と答えた場合：
　　種目1：　　　　　　週に　　　　回
　　種目2：　　　　　　週に　　　　回
　　種目3：　　　　　　週に　　　　回

3) 医師による診察と運動負荷心電図

上記の問診および身体計測に基づく内臓型肥満のチェックでは，一つ以上の自覚症状があったりさらには2つ以上の冠危険因子を認めた場合には，専門医によるメディカル・チェックを積極的に薦めることが望ましい．

運動負荷心電図は，特に身体を動かしているときに狭心症の症状が出ることや，心疾患の早期発見，また心臓を含めた血管系がどこまで運動に対応できるかという能力を評価する上で有効な検査法であるが，スポーツ現場におけるメディカル・チェック法としても多く利用されつつある．しかしながら，スポーツ現場におけるメディカル・チェックとしての運動負荷心電図の判定には，問診の補助的役割が非常に大きい．

実際，米国スポーツ医学会によれば，適切な問診によって，運動をどの程度実施してもよさそうかという判断をする方が，運動負荷心電図の結果だけから判断するより適切であるといわれている．

4) 安全なアクアフィットネスへのまとめ

以上にも述べてきたように，運動プログラムに参加することの適否を判定するメディカル・チェックにおいて，問診が果たす役割は，非常に大き

第1章／アクアフィットネスを始めよう　9

い。そこで，表1-6に安全なアクアフィットネス実現のための問診票例を示すので，ご活用頂きたい。但し，問診の際に得た個人情報は僅かなことでも他人に漏らしてはならないという，守秘義務を厳しく守ることは言うまでもない。

2　施設・用具の正しい使い方

アクアフィットネスを始めるに当たって，いくつか準備しなければならない用具や器具がある。そうした用具や器具は，種々の水中運動を行うために様々な形状や機能が考案され製作されているが，その目的は主としてつぎの3点が考えられる。
- 個々の運動に応じて体を支える。
- 運動強度を増加する。
- 運動プログラムに変化を持たせる。

アクアフィットネスで用いる用具や器具の選定の際には，安全性を最優先し，経済的で目的に合ったもの，使いやすいものを考えなくてはならない。安全性については，用具や器具が内包する危険性だけでなく，使用によって生じる危険性についても点検することが必要である。また，用具や器具の価値は，使用頻度が高く，十分な運動成果が得られたとき初めて認められるものであり，高価である必要はない。高価であるから容易に望みが叶えられる訳でもない。用具や器具が自己の目的達成のために本当に必要なものであるか否か，今一度吟味し，決められた活動時間で相応の成果が得られるのか，準備や装着の簡便さはどのようであるか等についても検討をしてみることが必要である。

要するに，アクアフィットネスの実践者が，安全でより楽しく，より積極的に行えるような用具や器具でなくてはならない。

1）アクアフィットネスに必要な個人的用具

①水着　ナイロン製の水着がよい。ナイロン製の水着は，伸縮性があり水中に入っても体にピッタリして，水の抵抗が少なく動きやすい。また，乾燥が速く，軽くて携行しやすい上，使用頻度にもよるが1～2年間の使用が可能である。

②水泳帽（スイムキャップ）　アクアフィットネスには，頭部を水中に入れないで行う運動が数多くあるが，その場合特に水泳帽を必要としない。しかし，利用しているプールが水泳帽の着用を義務づけていたり，頭部を水中に入れる運動を行うとき頭髪を濡らしたくない人には水泳帽が必要である。

水泳帽には，ナイロン製，ゴム製，シリコンゴム製がある。頭髪を濡らしたくない人には，ゴムやシリコンゴム製の水泳帽，頭髪の長い人には伸縮性の大きいナイロン製の水泳帽がよい。

③ゴーグル　頭部を水面上に出して行う運動ではゴーグルを必要としないが，近視の人がコンタクトレンズをつけてゴーグルを使用したり，度付きのゴーグルを使用する場合には有用である。遊離残留塩素に弱い人には，ゴーグルの着用をお勧めしたい。また，ゴーグルは，レンズの縁がシリコンゴムで被われ，そのレンズは金槌で叩いてもヒビ割れ程度で破片が飛び散ることはないといった報告がある。したがって，ゴーグルを着用することによって，他者との衝突による眼の損傷の心配がなく眼の保護に役立ち，他者の動きや自分の動作を見ることができて，楽しさが倍加する。

④アクアシューズ　アクアフィットネスでは，水中を歩，走，跳の動作を行ったり，下半身を固定して上半身の運動をするが，その際足をすべらせたり，水によって柔らかくなった足裏の皮を擦

りむいたりすることがあるため，アクアシューズを用いる。アクアシューズはプールによっては使用できないところもあるが，今後アクアフィットネスがさらに普及し，プール管理者との信頼関係（常に清潔な靴であること）が増せばアクアシューズの活用も可能となろう（写真1-1）。

⑤**腕時計（またはペースクロック）**　アクアフィットネスでは，常に適切な運動量を求めて安全で効果的な実践を目指している。そのためには，心拍数の変化を常に把握したり，アクアフィットネス運動のリズムや持続時間を把握しなければならない。多くのプールでは大型のペースクロックを設置しているが，それがないところでは防水性の腕時計を利用するとよい。この点についても，やはりプール管理者との安全性の面での信頼関係を得ることが必要である（写真1-2）。

2）アクアフィットネス用具と器具

①**キック板（キックボード）**　キック板は一般的に泳者のキック練習で用いられているが，アクアフィットネスでは下半身の運動の際，上体を支持するために用いる。また，キック板を両手に持って水を押したり，引いたり，持ち上げたり，沈めて負荷を増やして行う運動の際に用いる（写真1-3）。

②**パドル，アクアグローブ**　パドルやアクアグローブは，手や腕にかかる水の抵抗を増やすために用いる。パドルは手のひらに付ける用具で，アクアグローブは指の間にヒレのついた手袋のようなものである。パドルは形状の異なるものを使って水の抵抗を変えたり，アクアグローブは手のひらを開いたり閉じたりして水の抵抗の大きさを変えることができる。パドルを用いて行う運動の際には，両手間隔に開き，運動実践者が互いに接触

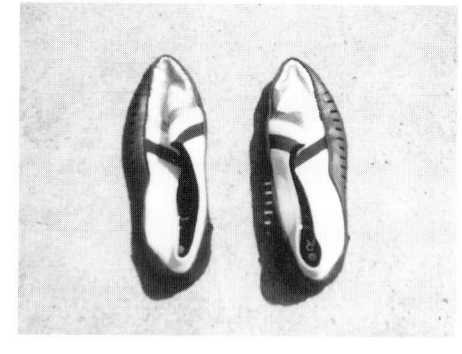

写真1-1

写真1-2

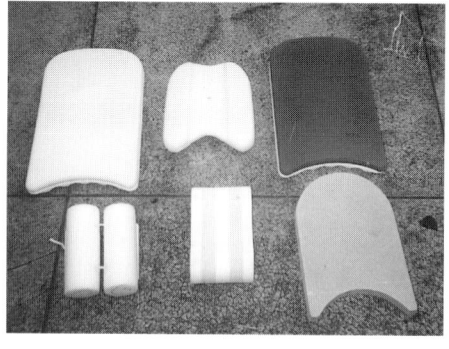

写真1-3

写真1-4a

しないよう気をつけて行うことが必要である（写真1-4a,b）。

③**浮具（ブイ，フローター）** 浮具には，泳者が水泳練習のとき脚に挟んで用いるプルブイや，手，足あるいは首に取り付けるフローターがある。プルブイやフローターを手足に取り付け，その腕や脚を水中で上下させて浮力に抗した運動をしたり，体を水平に浮かせてリラクゼーション等に用いる（写真1-5a,b）。

④**フィン** フィンはダイビングの際に用いる足ヒレのことである。片脚を水面上に持ち上げ，フィンの先を持って引き寄せ大腿二頭筋やアキレス腱のストレッチングをしたり，後方に片脚を曲げ，フィンの先を持って引き寄せ大腿直筋や前脛骨筋のストレッチングを行う。水中歩行の際にも活用できる。フィンの着脱は，プールサイドで行うと入水離水時に危険を伴うため，水中で行うとよい（写真1-6）。

⑤**フロートベルト** 背の立たない深いところ（以下ディープウォーターという）で行うアクアフィットネスの際，腰に装着して体を浮かす用具である。水中ランニング，水中ペダリング，バーティカルキック等のディープウォーター運動や，体を浮かせた状態で足首におもりを付けて足腰のストレッチングを行うことができる。ディープウォーター運動では，緊急時に対応するため常に指導者や監視者の下で行わなければならない（写真1-7）。

⑥**フロートバーベル** フリーウェイトでは重力方向に力を出すが，フロートバーベルは浮力に抗して重力の逆方向に力を出すことができる。プラスチック製や発泡スチロール製で種々の形や大きさのフロートバーベルがある。

写真1-4b

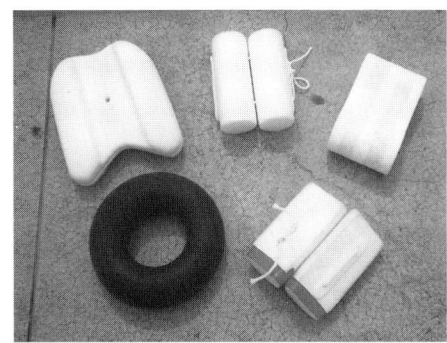
写真1-5a

写真1-5b

写真1-6

⑦**アクアステップ** 水中専用のステップ台のこと。踏み台昇降運動の要領で用いたり，水中ハードル，両足飛び越し等の運動ができる。

⑧**テザード用ストレッチコード** 生ゴム管（外径1 cm，内径0.7 m程度）の端をプールサイドに取り付け，他方の端を腰に付けて水中走行や水中歩行を行う。生ゴム管の弾力性を利用して，その場足踏みやアシステッド（縮む方向へ進む），レジステッド（ゴムを伸ばしながら進む）等の運動を行う。ストレッチコードの老朽化や破損については，常に点検し使用中の断裂による傷害等が起きないよう注意しなければならない（写真1-8）。

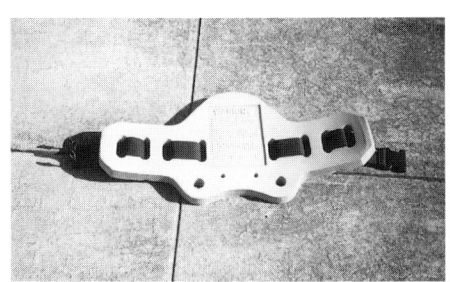

写真1-7

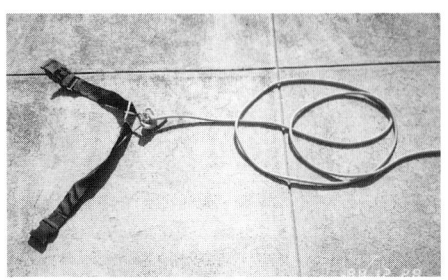

写真1-8

3) アクアフィットネスに適した施設

アクアフィットネスに適した水泳場としては，流水や波のない湖や海でも水底が平坦であれば行うことができるが，基本的にはプールが最適である。水深は，ディープウォーター運動を除けば腰から胸までの深さが最も運動のバリエーションを広げることができる。水底は平坦で滑りにくく，プールサイドがつかまれる形状になっていれば種々の運動が可能である。

また，スイムミル（水の流れのある水槽），トレッドミル（プールの床面が後方へ動く水槽），プール水に粘性を持たせた水槽，あるいはジェット噴水機を設置したプールの利用もアクアフィットネスの効果を高めている。これらのプールを活用する場合には，特に泳げない者やハンディキャップを持つ者に対して必ず手すりを付けたり，上半身をベルトでつり上げるリフト等を用いて安全を図ることが大切である。

Q&A

Q1：耳に入った水はどうしたら上手く取り除くことができますか？

A：耳に入った水を取るには，耳の中を傷つけないためにも，つぎの手順で試してみて下さい。
① 水が入った耳を下向きにして，同じ側の脚で片脚跳びをして水を出す。
② 太陽熱等で暖まった平らな石やコンクリート壁があれば，耳を下向きにして耳朶を被って水を出す。
③ もう一度耳の中に水を入れ，①の要領で片脚跳びをして水を出す。
④ 市販のティッシュを縦に裂き，切り口が先端にくるよう紙縒を作って耳の水を吸い取る。決して，指を差し込んだり，耳掻き等でいじらないことです。

Q2：けいれんが起きた場合，どのようにすればよいでしょうか？

A：けいれんが起きたらすぐに水から上がってけいれん部分の筋肉を伸ばし，けいれんがおさまったら温水シャワーや風呂で温めることが必要です。その後，再びストレッチを加えながらマッサージをしてもみほぐしておくとよいでしょう。

第 2 章

アクアフィットネスの方法

AQUAFITNESS

1 基本動作とアクアフィットネスの種類

1 基本動作

1）体の支持動作

　水中で行う運動では，浮力によって体の支えがなくなり身体操作が不安定になる。これは，水中の体重が陸上に比較して首の深さでは約90％，胸の深さでは約75％，腰の深さでは約60％となり，深くなればそれだけ両足にかかる体重が少なくなるからである。したがって，アクアフィットネスを行う場合には，目的に応じた適切な運動を行うためにも下記に示した体の支持法を心得ておかなければならない。

①プールサイドを用いた体の支持法

　プールサイドに対して垂直方向に向き，一方の手でプールサイドを握って体を支持する方法（写真2-1），プールサイドに向かって立ち両手でプールサイドを握って体を支持する方法（写真2-2），そして一方の手でプールサイドを握り，他方の手先を下向きにプールの側壁に当てて体を支持する方法（写真2-3）がある。

　さらに，プールサイドを背にして両手を左右に広げて握ったり（写真2-4），肩越しにプールサイドを握って（写真2-5）体を支持する方法がある。

②水中のスタンス

　水中で支持物なしに体を安定させて運動を行うには，左右方向の動作を伴う運動では，両足を肩幅に広げ，足うら全体をプール底に着けて立つ方法（写真2-6），前後方向の動作を伴う運動では，

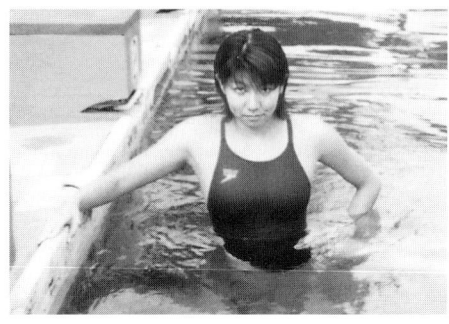

写真2-1

写真2-2

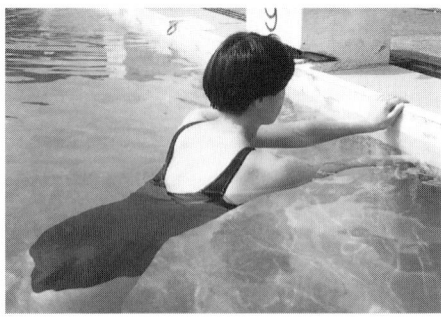

写真2-3

写真2-4

第2章／アクアフィットネスの方法　15

写真2-5

写真2-6

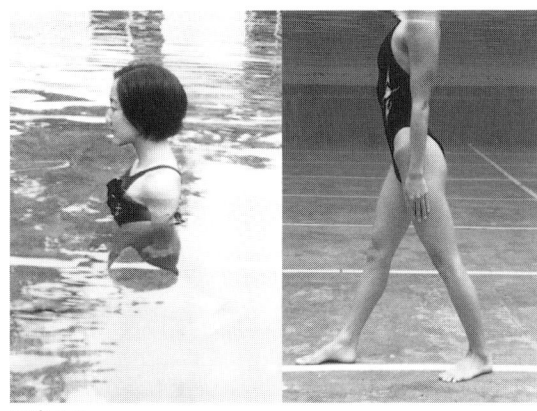

写真2-7

両脚を前後に開き足うら全体をプール底に着けて立つ方法（写真2-7）を用いる。

③用具や器具を用いた体の支持法

ディープウォーター運動の場合には，キック板，浮具，あるいはフローティングベルト等を用いて体を安定して浮かすことができる。

2）関節運動

アクアフィットネスは種々の身体運動を用いて行うが，そのほとんどは関節運動を基本として成り立っている。したがって，以下に示すような関節運動を理解することによって，正しい運動の仕方を対象者に指示したり，自分で実践する際には正しい運動を確認しながら行うことができる。

①屈曲動作と伸展動作（写真2-8）

関節の曲げ伸ばし動作のことを言う。肩の高さで前方に伸ばした腕を横に動かすことを水平伸展，前方に戻すことを水平屈曲という（a）。

また，体側に沿って下方に伸ばした腕を後方へ動かすことを伸展（b），前方に動かすことを屈曲（c）と言う。さらに，手の場合は手の甲側に

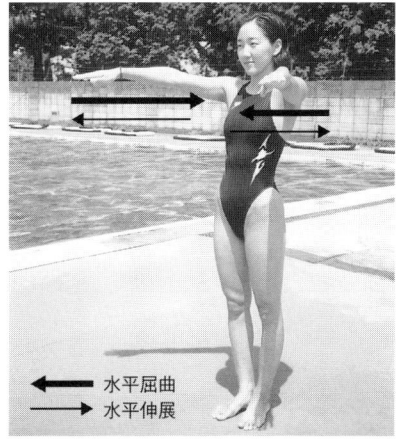

← 水平屈曲
→ 水平伸展

写真2-8a

写真2-8b

写真2-8c

写真2-8d

写真2-8e

写真2-8f

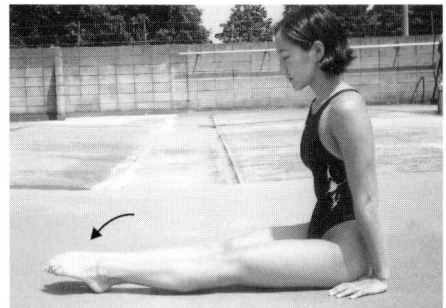

写真2-8g

曲げることを手背屈（d），手のひら側に曲げることを手掌屈（e）と言い，足の場合には足甲側に曲げることを足背屈（f），足うら側に曲げることを足底屈（g）と言う。

写真2-9a

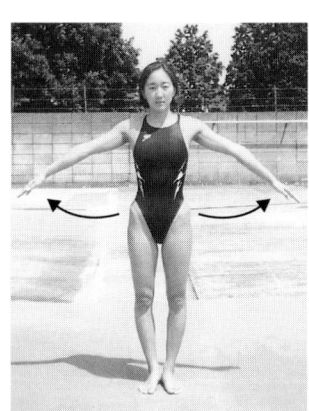
写真2-9b

②内転動作と外転動作 （写真2-9）

体の中心方向に身体部位を動かすことを内転（a），身体各部を体の中心から離していく動作を外転（b）と言う。左右に広げた腕や脚を内側に閉じ，その後さらに左右の腕や脚を体の中心を越えて交差する運動も内転動作に含んでいる。

③ 回内動作と回外動作 （写真2-10）

腕や脚を体の中心に向かって内側に回すことを

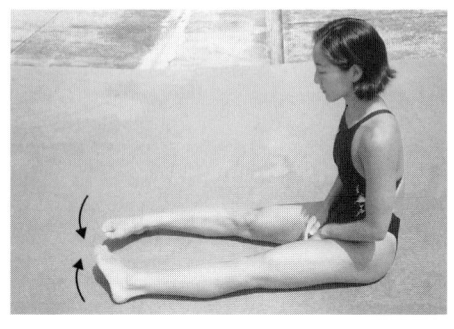
写真2-10a

写真2-10b

第2章／アクアフィットネスの方法　17

 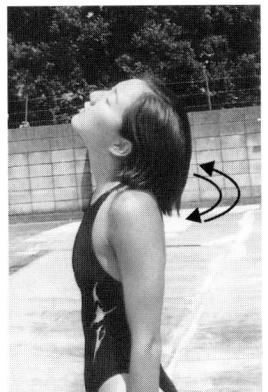

写真2-11a　　　　　　写真2-11b

写真2-12a　　　　　　写真2-12b

回内（a），外側に回すことを回外（b）という。
④内旋動作と外旋動作（写真2-11）
　腕や脚を外から内に回すことを内旋，内から外に回すことを外旋と言う。例えば，気をつけ姿勢から両腕を左右に開きながら頭上に運び，体の前で交差させながら元の位置に戻す動作を腕の内旋，気をつけ姿勢から両腕を体の前で交叉させながら頭上に持ち上げ，左右に開きながら元の姿勢に戻す動作を腕の外旋（a）と言う。首や体幹の運動では，頭部や体を回すことをそれぞれ頭部回旋（b），体回旋と言う。

3）捻転動作（写真2-12）
　捻転動作には，下半身を安定させた上半身の左右捻転，上半身を安定させた下半身の左右捻転，首の左右捻転等がある。体の前で右（左）肘と左（右）膝を接触したり（a），体の前で右（左）手と左（右）かかとを接触させる（b）斜め方向の捻転もある。

4）振り子動作（写真2-13）
　振り子動作には，水の抵抗を利用して腕脚を前後や，左右に大きく振り上げたり（a），振り下

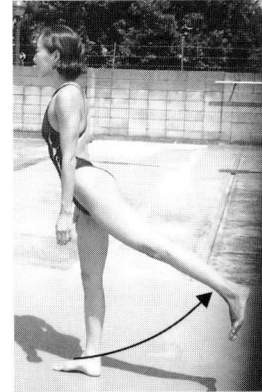 

写真2-13a　　　　　　写真2-13b

ろす（b）方法がある。身体部位別に，手関節と足関節，肘関節と膝関節，肩関節と股関節等の関節レベルを中心とした振り子動作もある。

5）跳躍動作
　跳躍動作には，その場跳び，前向き跳び，後ろ向き跳び，横跳び，そして回転跳び等の方法がある。跳躍の仕方には，両脚，片脚，脚を開いて閉じる，脚を閉じて開く，両脚を交叉させる等，種々の方法がある。

6）歩行動作
　歩行動作には，跳躍動作のようにその場，前向

き，後ろ向き，横向き，そして回転しながら歩行する方法がある。歩行の仕方には散歩，行進，突進（ダッシュ）歩行があり，膝上げ，下腿の蹴り出し，かかと走行等の動きを加える。

7）走行動作

走行動作には，歩行と同様に，その場，前向き，後ろ向き，横向き，そして回転しながら走行する方法がある。走行の仕方にはジョギング，突進（ダッシュ）走行があり，膝上げ等の動きを加える。

2 アクアフィットネスの種類

アクアフィットネスでは，陸上で行う運動のほとんどを水中で行うことができる。しかも，陸上では決してできない運動も可能となる。その大きな特徴は，水の特性（抵抗，浮力，水圧，水温）を活用する点である。アクアフィットネスでは，これらの水の特性を有効に活用して，様々な運動目標が考えられている（表2-1）。

本書では，アクアフィットネス運動を以下に示したウォームアップ，メインエクササイズ，クールダウンの運動カテゴリーに分けて運動プログラムの作成を試みた。

* **ウォームアップ，クールダウン**：a, c, d, e, g 等。
* **メインエクササイズ**
  * **エアロビック運動**：a, b, e, f 等。
  * **レジスタンス運動**：a, d, h 等。

なお，アクアフィットネス運動の強度，頻度，時間によっては，ウォームアップやクールダウンで用いた運動をメインエクササイズに活用したり，その逆も可能である。

また，つぎのような水深に応じてアクアフィットネスを選定し，効果的に行うことができる。

・水底に両手が着く深さ
・腰から胸の深さ
・背の立たないところ（ディープウォーター）

表2-1　アクアフィットネスの運動目標

a. 種々の運動や活動に対応できる体つくり運動（コンディショニング）
b. 持久力の育成を図る運動（エンデュアランス）
c. 柔軟性の向上を図る運動（フレキシビリティ，ストレッチング）
d. 筋力の向上を目指す運動（レジスタンス，ストレングス）
e. 身体調整能力を養う運動（ダイナミックバランス）
f. 理想体重を目標とする運動（ウエイトコントロール）
g. 心と体の安らぎを図る運動（リラクゼーション）
h. 身体の機能回復や補助・補強を図る運動（リカバリー，セラピー）

2 アクアフィットネスのプログラミング

1 プログラミングの前に

1) 健康状態の把握

スポーツ活動によって起こり得る事故や疾病,傷害を未然に防ぐためには,自己の健康状態を把握しておくことが大切である。アクアフィットネス運動は,非日常的な環境(水中)で行う運動で身体への運動刺激が陸上とは異なっているため,運動実施の可否あるいは運動制限の程度(運動の強度や内容)を決めるためにも健康状態を把握しておかなければならない。特に,これから初めて運動生活を始める人や病後経過の浅い人は必ず医師の健康診断を受けることが必要である。アクアフィットネスの際には,個人的にも日常的な健康管理(体温,脈拍,血圧の計測)によって体調を常に把握しておくことが大切である。

しかしながら,運動を行う当日,以下に示した事項のいずれが該当してもその日の運動は控えることが必要である。

a. 体温が37℃以上のとき。
b. 安静時の脈拍数がいつもより+5拍/分以上あったとき。
c. 血圧がいつもより高かったり,160mmHgを越えるようなとき。

2) 体力レベルの確認

スポーツ活動中の事故や疾病,傷害を回避するには,先述のように健康状態の把握とともに自己の体力レベルに応じたプログラムの作成が必要である。そのためには,自己の体力がどのようなレベルなのかを知っておかなければならない。自己の体力レベルを把握するためには,文部科学省の新体力テストによって体力を構成する種々の要素を計測し,体力の現状や特徴を知ることが必要である。

しかし,その日の気分や体調によっては体力レベルも多少変動するので,体力評価についての認識はその時々の生活環境や身体的状況を考え,多少柔軟に捉えておく必要がある。その上で,自己の体力に応じた運動プログラムの作成に取りかからなければならない。

アクアフィットネス運動を適切に行うため,新体力テスト実施要項に基づき,筋力・筋持久力には握力テストおよび上体起こしテスト,柔軟性には長座体前屈テスト,敏捷性には反復横とびテスト,心肺持久力には20mシャトルランテスト,瞬発性には立ち幅とびテストを実施し,その点数化によって体力レベルの総合評価と自己の体力年齢を求めて,自己の体力レベルを確認するとよい(詳細については文部科学省編『新体力テスト』を参照されたい。以下に示したのは20〜64歳対象のテストである)。

①握力テスト(図2-1,表2-2)
・握力計の指針を外向きに,人差し指の第二関節がほぼ直角になるように持つ。
・握力計を身体や衣服に触れないように力一杯に握りしめ,振り回したりしない。

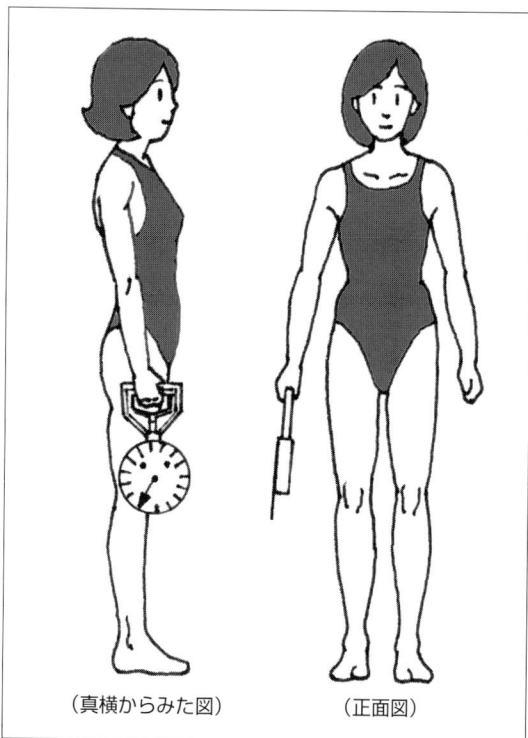

（真横からみた図）　（正面図）

図2-1　握力の測り方

表2-2　握力テスト得点表

得点	男子	女子
10	62kg以上	39kg以上
9	58〜61	36〜38
8	54〜57	34〜35
7	50〜53	31〜32
6	47〜49	29〜30
5	44〜46	26〜28
4	41〜43	24〜25
3	37〜40	21〜23
2	32〜36	19〜20
1	31kg以下	18kg以下

・右左交互に2回ずつ計測し，それぞれよい方の記録を取り平均する。

●**実施上の注意**●

・このテストは，右左の順に行う。
・同一の実施者に対して続けて行わない。

② **上体起こしテスト**（図2-2，表2-3）

・仰臥姿勢で両腕を胸の前で組み，両膝を90°に保つ。
・補助者は，相手の両膝を押さえて固定する。
・「始め」の合図で，両肘と両大腿部がつくまで上体を起こす。
・すばやく開始時の仰臥姿勢に戻す。
・30秒間，上体起こしをできるだけ多く繰り返す。
・30秒間に上体を起こした回数を記録する。

●**実施上の注意**●

・両脇をしめて両腕を組み，仰臥は背中が床につくまで上体を倒す。
・補助者と実施者の頭部がぶつからないようにする。
・実施者のメガネは，はずして行う。

③ **長座体前屈テスト**（図2-3，表2-4）

・実施者は，両脚を箱の間に入れて長座姿勢をとる。壁に背中と尻をピッタリとつける。両腕を伸ばし，両手のひらを肩幅下向きにして箱の手前端に置く。
・体を前屈しながら，両手でゆっくり箱全体を前方にできるだけ遠くまで滑らせる。
・最大に前屈したところで箱から両手を離す。
・単位はcmとし，2回実施してよい方の記録をとる。

●**実施上の注意**●

・前屈したとき，膝が曲がらないようにする。
・靴を脱いで実施する。

④ **反復横跳びテスト**（図2-4，表2-5）

・中央の線をまたいで立ち，「始め」の合図で右側の線を越すか，踏むまでサイドステップする。
・右側の線から再び中央の線をまたぎ，さらに左側の線を越すか，踏むまでサイドステップする。

第2章／アクアフィットネスの方法　21

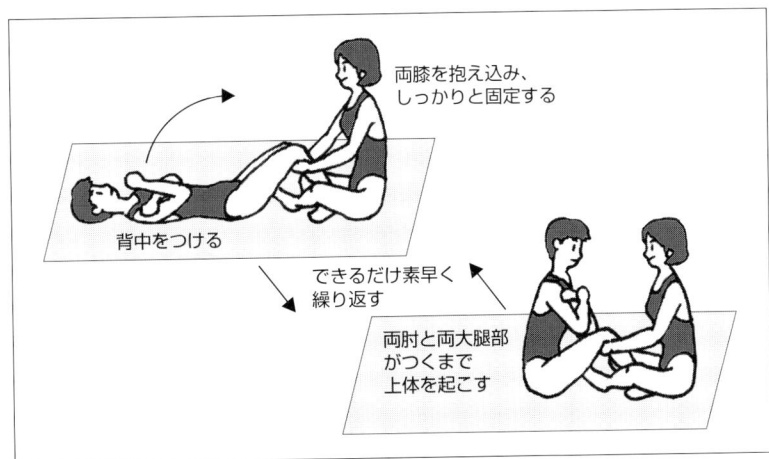

図2-2　上体起こしテスト

表2-3　上体起こし得点表（30秒）

得点	男子	女子
10	33回以上	25回以上
9	30〜32	23〜24
8	27〜29	20〜22
7	24〜26	18〜19
6	21〜23	15〜17
5	18〜20	12〜14
4	15〜17	9〜11
3	12〜14	5〜8
2	9〜11	1〜4
1	8回以下	0回

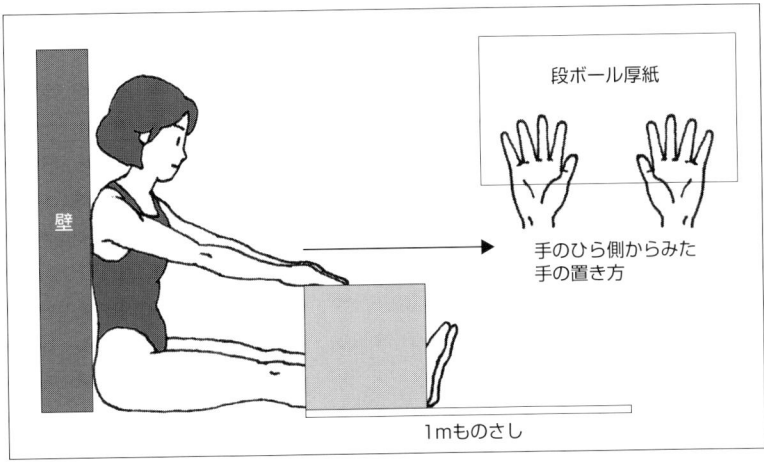

図2-3　長座体前屈テスト

表2-4　長座体前屈得点表

得点	男子	女子
10	61cm以上	60cm以上
9	56〜60	56〜59
8	51〜55	52〜55
7	47〜50	48〜51
6	43〜46	44〜47
5	38〜42	40〜43
4	33〜37	36〜39
3	27〜32	31〜35
2	21〜26	25〜30
1	20cm以下	24cm以下

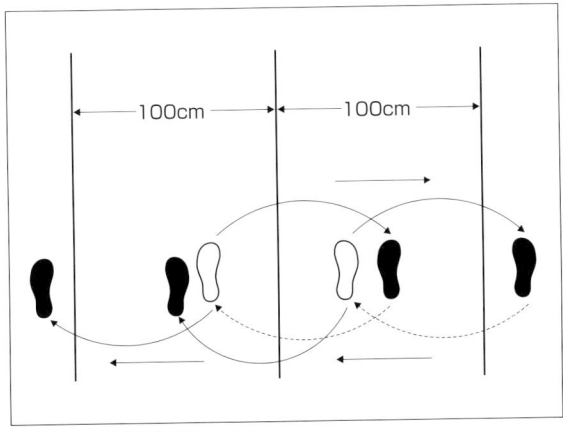

図2-4　反復横跳びテスト

表2-5　反復横跳び得点表（20秒）

得点	男子	女子
10	60点以上	52点以上
9	57〜59	49〜51
8	53〜56	46〜48
7	49〜52	43〜45
6	45〜48	40〜42
5	41〜44	36〜39
4	36〜40	32〜35
3	31〜35	27〜31
2	24〜30	20〜26
1	23点以下	19点以下

図2-5　20mシャトルランテスト

表2-6　20mシャトルラン得点表

得点	男子	女子
10	95回以上	62回以上
9	81～94	50～61
8	67～80	41～49
7	54～66	32～40
6	43～53	25～31
5	32～42	19～24
4	24～31	14～18
3	18～23	10～13
2	12～17	8～9
1	11回以下	7回以下

- この運動を20秒間行い，それぞれの線を越す毎に1点を得点に加える。
- このテストを2回行い，よい方の記録をとる。

●実施上の注意●

- 線を越えなかったり，踏まなかった場合は，得点に加えない。
- 準備運動を十分行って実施する。

⑤ 20mシャトルランテスト（図2-5，表2-6）

- 一方の線上に立ち，テスト開始を告げる5秒間のカウントダウン後の電子音によりスタートする。
- 一定の間隔で電子音が鳴る。電子音がつぎに鳴るまでに20m先の線に達し，足が線上を越えるか，触れたらその場で向きを変える。電子音が鳴ったら，再び20m先の線に向かって走る。

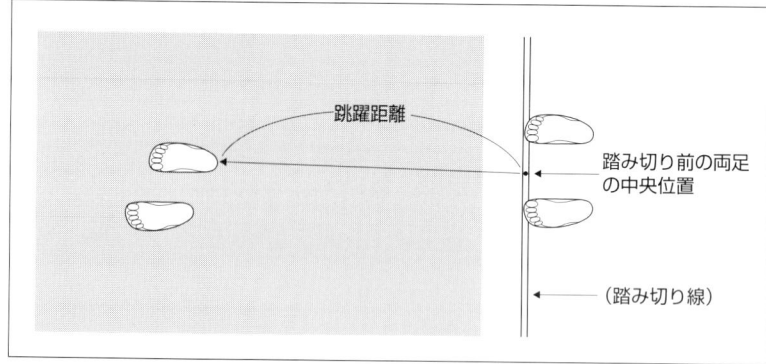

図2-6　立ち幅跳びテスト

表2-7　立ち幅跳び得点表

得点	男子	女子
10	260cm以上	202cm以上
9	81～94	50～61
8	67～80	41～49
7	54～66	32～40
6	43～53	25～31
5	32～42	19～24
4	24～31	14～18
3	18～23	10～13
2	12～17	8～9
1	11cm以上	7cm以下

表2-8　総合評価基準表

段階	30～34歳	35～39歳	40～44歳	45～49歳	50～54歳	55～59歳	60～64歳
A	49点以上	48点以上	46点以上	43点以上	40点以上	37点以上	33点以上
B	42～48	41～47	39～45	37～42	33～39	30～36	26～32
C	36～41	35～40	33～38	30～36	27～32	24～29	20～25
D	29～35	28～34	26～32	23～29	21～26	18～23	15～19
E	28以下	27以下	25以下	22以下	20以下	17以下	14以下

A：非常に優れている　　B：優れている　　C：平均　　D：やや劣る　　E：かなり劣る

表2-9　体力年齢判定基準表

得点	体力年齢
46点以上	20～24歳
43～45	25～29
40～42	30～34
38～39	35～39
36～37	40～44
33～35	45～49
30～32	50～54
27～29	55～59
25～26	60～64
22～24	65～69
20～21	70～74
19以下	75～79

- 電子音の間隔は，初めはゆっくりであるが，1分ごとに電子音の間隔は短くなる。できる限り電子音の間隔についていく。
- 設定された速度を維持できなくなったり，走るのをやめたとき，または2回続けて足で線に触れることができなくなったとき，テストを終了する。

●実施上の注意●
- テスト終了後は，クールダウンをする。
- 実施者の健康状態に十分注意し，実施が困難と思われたら行わない。

⑥**立ち幅跳びテスト**（図2-6，表2-7）
- 両足を軽く開いて，つま先が踏み切り線の前端にそろうように立つ。
- 両足同時に踏み切って前方へ跳び，踏切線に近い方のかかとと，踏切線の前端を結ぶ距離を測定する。
- 2回実施して，よい方の記録をとる。

●実施上の注意●
- テスト前には，十分な準備運動を行う。

⑦**体力レベルの総合評価と体力年齢**

　行った体力テストの結果を合計して体力レベルの総合評価を行う（表2-8）。またこの合計点から体力年齢もみることができる（表2-9）。

2　運動プログラムの基本構成

　アクアフィットネスでは，運動プログラムを作成する際の基本構成をウォームアップ，メインエクササイズ，クールダウンに分けて行う。メインエクササイズは，エアロビック運動，レジスタンス運動等を中心に個人の目的に応じて構成する。

　また，全体の運動時間は，個人の体力レベルに応じてウォームアップやクールダウンの時間を含めて「総合評価基準表（p22，表2-8）」の「D，E段階」では20分～30分程度，「C段階」では30分～40分程度，「A，B段階」では40分～60分程度を目安に計画するとよい。

1）ウォームアップ

　ウォームアップは，これからアクアフィットネス運動を始めるための筋肉系，神経系，呼吸循環器系の準備運動である。実施時間は，身体各部を動かして心拍数を徐々に上昇させ，体温を高めたり体をほぐすために5分間程度行う。水中でウォームアップを行う前に，プールサイドにおいてある程度のウォームアップを行っておくこともよい。

2）メインエクササイズ

　メインエクササイズは，エアロビック運動を中心に10～30分間程度連続して行うが，個人の目的に応じてレジスタンス運動，ストレッチ運動等を10～20分間程度加えてみる。エアロビック運動の際には，目標心拍数を目指して全身的に行う。

3）クールダウン

　クールダウンは，ウォームアップ時の身体状態（心拍数：100拍/分以下）に戻すため，軽い運動，ストレッチ運動，あるいはリラクゼーションを含め5分間程度行う。

3　運動プログラムの基本的要素

体力づくりを目指した運動プログラムでは，いずれの体力構成要素（有酸素的持久力，筋力，筋持久力，柔軟性，調整力）の向上を目指すものであっても，運動を行う場合には「頻度(Frequency)」「強度(Intensity)」「持続時間(Time)」と言った基本的要素をいかにうまく調整活用するかによって体力づくりの成果に大きな差が生じる。これらの共通要素は，それぞれの頭文字からＦＩＴ（体力）として表すことができ，覚えやすい。

1）頻度 （表2-10）

頻度は，基本的には週毎の運動回数を表す。1週に1回の運動は全くしないよりよいが，体力づくり（フィットネス）運動による体力の構成要素の変化を調べた研究報告では，1週に3～5回が最もよい結果をもたらすとしている。すなわち，現在の体力レベルを維持するなら1週に3回程度，体力レベルをさらに高めたい人であれば1週に4～5回の運動が必要である。なお，ウェイトコントロールを目指している人は，軽負荷の運動を毎日でも続けることが大切である。

2）強度

強度は，各個人が行う運動の強さのレベルを表す。フィットネス運動では，生理学的な面において過負荷になるような強度を設定しなければならない。過負荷はそれに応じたエネルギー消費や酸素消費を伴い，そうした代謝が筋肉や呼吸循環器を刺激して体力の向上をもたらすのである。過負荷強度の尺度は，「心拍数」「呼吸数」「主観的運動強度」によって表すことができる。

①心拍数

心拍数は，手指先を頸部，手関節部，あるいは胸部に当てて脈拍を触診して計測する。頸部では手指先（2から3本）をのど仏の横4～5cmの部位，手関節部では手首の親指側，胸部では左の大胸筋下縁部に当てるとそれぞれ脈拍を確認できる。

一般的に，有酸素的運動が実施されているときの心拍数は，年齢や体力にもよるがおよそ120拍／分（60歳）～150拍／分（20歳）である。有酸素的運動は，筋肉や呼吸循環器の働きに応じた酸素供給ができているときの運動であり，この運動を持続して行うと酸素供給能力の向上に役立つだけでなく，体脂肪が最も効率的に燃焼され，血液を固まらせ血栓をつくる線維素を溶かす酵素が出てくる。したがって，有酸素的運動は，成人病（生活習慣病）を予防し，健康の保持・増進，体力の向上のために大きな期待が寄せられ，目標とする運動時心拍数の指標として用いられている。

表2-10　1週間の運動プログラム（体力のレベルアップ）例

月	火	水	木	金	土	日
仕事	仕事	仕事	仕事	仕事	家事	ショッピング
家事	家事	家事	家事	家事	娯楽 etc.	家族サービス
娯楽 etc.	アクアフィットネス	娯楽 etc.	アクアフィットネス	娯楽 etc.	アクアフィットネス	休息日 etc

◎運動時の目標心拍数は，以下のようにして求める。

A：あなたの推定最高心拍数：
$$220 - 年齢 = 【A】$$

B：あなたの安静時の心拍数※：【B】

　※安静時の心拍数とは，朝目覚めたとき床の中で1分間値心拍数を3～5日間計測し，その間の最も低かった心拍数によって表す。

C：心拍較差：【A】－【B】＝【C】

D：％運動強度：【C】×運動強度※＝【D】

　※運動強度の項には，自己の体力に応じて50％，60％，70％，80％を代入する。50％はこれからアクアフィットネスを始める人，60％は健康の保持・増進を目指す人，70％は体力向上を目指す人，80％はよりたくましく強靭な人，スポーツ選手が目標とする目安である。

E：運動時の目標心拍数：
$$【B】＋【D】＝【E】$$

F：水中運動時の目標心拍数：
$$【E】－10※＝【F】$$

　※－10は，水中に入ることによって生じる潜水徐脈を考慮したものである。

G：10秒間値に表示：【F】÷6＝【G】

②呼吸数

呼吸は，成人では安静時におよそ5秒に1回の割合で行っているが，運動強度に連動してその数は増加する。有酸素的運動時の呼吸数は，年齢や体力にも関係するがおよそ5秒間に3～5回の割合で行われている。運動強度を測定するには，心拍数に比べて正確性にやや劣るが，簡便な方法であり活用の有効性は高いので知っておくとよい。

③主観的運動強度 （表2-11）

主観的運動強度は，いま行っている運動の強度

Q：年齢40才の人が，健康の保持・増進を目指して運動（運動強度60％）をしたいが，目標心拍数はどのくらいにすればよいか，なお，この人の安静時の心拍数は60拍/分である。

A：
A： 220 － 40 ＝ 180
B： 60
C： 180 － 60 ＝ 120
D： 120 × 60％ ＝ 72
E： 60 ＋ 72 ＝ 132
F： 132 － 10 ＝ 122
G： 122 ÷ 6 ＝ 20.3

Ans.目標心拍数は20拍/10秒

を感覚的尺度に基づいて主観的に表す方法である。心拍数や呼吸数が生理的反応であるのに対して，主観的運動強度は感覚的反応であるため正確性にやや欠けるが，慣れることによって正確性も高まって信頼度が増し，瞬時に把握することができるため有効な運動強度の判定法である。感覚的尺度は，研究上はボルグ(Borg)の20尺度表が一般的で

表2-11　運動時の主観的強度

	感覚的尺度	期待される効果
10	目一杯	
9 8	ほぼ目一杯 とてもきつい	無酸素的持久力の 改善のために理想的
7 6	きつい ややきつい	有酸素的持久力の 改善のために理想的
5 4	ふつう すこしらく	トレーニングとしては 軽すぎる
3	らく	ウォームアップとして有効
2 1	とてもらく リラックス	リラクゼーション として有効

(E.W.マグリスコ，1986．柴田加筆，2001)

あるが，表2-11のようなマグリスコ(Ernest W.Maglischo)の10尺度表を用いると簡便である。

3) 持続時間

持続時間は，1回の運動時間を表す。有酸素的持久力の向上を目指して行う場合には，10～30分間の持続運動が必要である。長い間運動していない人や体力レベルの低い人は10分間程度の軽い運動から始め，慣れてきたら20分間程度の中等度の運動へ進め，体力レベルをさらに上げていきたい人は30分間程度に運動時間を延ばしていくとよい。

運動の効果は，4週目から徐々に現れるが，8週目頃には身体的変化に気づくようになる。さらに，12週目あたりには身体組成にも変化が顕著に現れ，アクアフィットネスに対する意識が高まって生活化を目指すようになる。したがって，4週，8週，12週を節目に体力テストを行い，身体的変化等の把握により動機づけをしながら持続して行うことが大切である。

4　プログラム作成上の留意点

①無理のない運動プログラムを作ろう

運動プログラムは，過労や努責を伴ったり，傷害を招くような計画は避けなければならない。特に，運動開始期には，筋肉痛が起きたり，バランスを失って無理な動きを伴い筋肉や関節を傷つけることがあるので，徐々に運動に慣らしていくようにする。また，運動中は疲労困憊になってはいけないが，「疲労感を味わう（ややきつい）程度」に計画することが大切である。努責（息こらえ）は，血圧の上昇や血の塊をつくる線維素が生じて血栓を引き起こすので，運動中は避けなければならない。

②水の特性を有効に活用しよう

アクアフィットネスは，水の特性を利用した体力づくり運動である。水圧，抵抗，浮力，そして水温等の水の特性を，運動の目的に応じて最大に活用することが必要である。活用の仕方は，「動きの速さ」「反復回数」「作用距離」を調整し，手足の作用面を最大に活用して適切な運動負荷を確保することが大切である。

③正しい姿勢で行おう

正しい姿勢で運動を行うことは，運動を行っている身体部位に適切な運動刺激を与えるが，姿勢が悪いと適切な運動刺激が得られないだけでなく，他の身体部位に不要なストレスを与えることになる。アクアフィットネスを行う場合には，体の支持法，正しい姿勢，運動の仕方について十分理解しておくことが大切である。

④正しい呼吸法で行おう

呼吸は，安静時や軽い運動のときには規則的に行っているが，運動が強くなってくれば動作に合わせた呼吸が必要となる。さらに運動が強くなれば，筋肉を弛緩させたり，胸を開くような運動のとき息を吸い，筋肉を緊張させたり，胸を縮めるような運動のとき息を吐き出すようにする。

⑤目標心拍数に向けて努力しよう

目標心拍数の求め方については，「2) 強度 (p.24)」の項で示した通りである。心拍数は，運動を習慣的に行っている人や体力レベルの高い人では，運動後10～30秒には明らかに低下がみられるので，運動後の1分間値を計測してもさほど参考にはならない。そこで，運動後の10秒間値を計測し，それを6倍することによって1分間値を導き出す

方がより正確な身体状態を把握することができる。目標心拍数は，有酸素的（エアロビック）運動レベルに設定し，年齢や運動習慣によって「20（60歳）～25（20歳）拍/10秒」程度とする。また，6～8週間程度続けると同様の運動プログラムを行っても心拍数が上昇しなくなるが，これは体力の改善の現れで，目標心拍数を求めて新たな運動プログラムの作成や進展を考える時期と言える。

⑥生活化（ライフワーク）に向けてがんばろう

体力づくりの運動では，同じ運動量を考えた場合，一度に大きな負荷の運動（強い，長い運動）で回数を少なく行うより，軽い負荷の運動を繰り返して長い期間をかけて行う方が効果的であることは種々の研究や実践の面で認められている。したがって，運動の身体的効果は，運動の強度より運動の頻度によるところが大きく，さらに「運動の期間」が重要な鍵を握っている。運動の生活化（ライフワーク）がいかに大切であるかが認識できる。なお，運動の生活化の際には，日常生活における主要な事柄（仕事，学習，家事等）が積極的，かつ活発に行える身体的状況をもたらすものでなくてはならない。

⑦栄養と休養を十分にとろう

運動によって消費されるエネルギーは，運動直後から修復され始めるが，運動強度によってはおよそ24時間から48時間かけて回復するものもある。したがって，日常的に栄養や休養が十分摂れていれば，軽負荷の運動の場合には毎日行っても問題はないが，運動強度が高くなると消費エネルギーが増加しその修復に時間がかかり，そのための休養が必要となる。また，エネルギーとして使われる栄養素の補給も十分考慮しなければならない。必要栄養素を摂取するためには，一日の摂取カロリーを1,200kcal以上にすることが望まれる。その根拠は，一日の必要最低消費カロリー（基礎代謝）を理想体重×22kcalで表すことができることから，一般成人（55kg）ではおよそ1,200kcalの栄養素（糖質，タンパク質，脂質，ビタミン，ミネラル等）をバランスよく摂ることが大切となる。これに日常の運動量やウェイトコントロールを考慮すると，必要最低消費カロリーの20%～70%を加えたエネルギー，すなわち1,500～2,000kcalの栄養素補給を考えなければならない。

5 運動プログラムの展開方法

1）運動が物足りなくなったら

適切な運動をある一定の期間続けていると，同じ運動プログラムを行っても心拍数や呼吸数が低下してきたり，主観的運動強度に低下が見られたりして，いわゆる運動強度が低下して物足りなく感じられてくる。これは，先述したように体力改善の現れであり，運動プログラムの変更の時期でもある。自己の本来の目標を目指して運動プログラムを進展しなくてはならない。運動プログラムの進展に際しては，運動の反復回数，負荷，実施時間をつぎのように変更するとよい。

①反復回数
・一回の運動中の反復回数を増やす。
・一日の運動プログラムの中に運動の種類を増やす。
・一週間の運動の頻度を増やす。

②負荷
・動きを速くしたり，作用距離を長くする。
・用具や器具を用いて負荷抵抗を大きくする。

③実施時間
・一回の運動の実施時間を長くする。

・運動プログラム，特にメインエクササイズの実施時間を長くする。

※運動の種類を増やして実施時間を長くするには，1〜3分毎にいくつかの運動をつなぎ合わせて行う。その際，音楽に合わせて行うと楽しさが倍加するので，音楽テープに1〜3分間毎に種々の音楽をつなぎ合わせ，それぞれのリズムに応じた運動を構成しておくとよい。表中には，これを「コンビネーション」として表した。

2) 一日の運動プログラム

一日の運動プログラムは，運動を継続的に行うことによってメインエクササイズの時間を長くするが，以下のような事例を参考に計画するとよい（表2-12〜14）。メインエクササイズには，エアロビック運動を基本に計画し，それに加えて自己の目標に応じたテーマ，例えば筋力の向上，コンディショニング，柔軟性の向上，平衡性の向上，補助・補強運動等，を取り入れて計画立案するとよい（P.19表2-1）。

表2-12　1〜4週目までの1日のプログラム例

運動項目	運動部位	運動種類	No	運動内容
ウォームアップ	脚	ウォーキング	18	1分間
		バックワード・ウォーキング	20	1分間
	腕	ベント・アーム・プル	2	30秒間
		ストレート・アーム・プル	3	30秒間
	体幹	ショルダー・ロール	33	30秒間
	首	ヘッド・サークル	31	左右2回旋
メインエクササイズ	エアロビック運動	ジョギング	38	3分間
	全身	ジャンピング・コースライン	44	20回×2回
		コンビネーション		4分間
	レジスタンス運動			
	上肢	アジテーター	4	10回×2回
		パルム・マエ・ウエスト	105	10回×2回
	体幹	レジスティブ・トランク・ツイスト	89	10回×2回
	下肢	フラター・キック	52	20回×2回
		スクワット	53	30秒×6回
クールダウン	脚	フット・ローテーション	64	10回×2回
		ライティング・フット	15	10回×2回
	腕	アーム・ストレッチ	60	20秒×4回
		ライティング・ハンズ	1	20秒×2回
	体幹	ショルダー・シュラッグ	32	10回×2回
		クロス・ショルダー・ストレッチ	76	20秒×2回
	首	ヘッド・シュラッグ	30	10秒×2回

表2-13　5～8週目までの1日のプログラム例

運動項目	運動部位	運動種類	No	運動内容
ウォームアップ	脚	マーチング	25	1分間
		バックワード・ウォーキング	20	1分間
		サイド・ステッピング	21	1分間
	腕	ブレスト・ストローク	8	1分間
		アーム・サークルズ	5	20回×2回
	首	ヘッド・シュラッグ	30	30秒間
メインエクササイズ	エアロビック運動 全身	ジョギング	38	4分間
		ホッピング	47	20回×2回
		ヒール・タッチング	46	20回×2回
		コンビネーション		8分間
	レジスタンス運動 上肢	キックボード・プッシュ・アンド・プル	91	20回×2回
		ウォール・ウォーキング	28	左右5m×4回
	体幹	ボディ・ツイスト	16	20回×2回
		ヒップ・サークル	36	20秒×2回
	下肢	フォー・コーナーズ・ステップス	26	左右5周
		スクワット	53	10回×2回
		ワンレッグ・スクワット	54	10回×2回
クールダウン	脚	カーフ・ストレッチ	68	20秒×2回
		シン・ストレッチ	69	20秒×2回
	腕	アーム・ストレッチ	60	20秒×2回
		アーム・サークルズ	5	20秒×2回
	体幹	クロス・ショルダー・ストレッチ	76	20秒×2回
		サイド・ボディ・ストレッチ	17	20秒×2回
	首	ヘッド・シュラッグ	30	8回×2回

表2-14　9～12週目までの1日プログラム例

運動項目	運動部位	運動種類	No	運動内容
ウォームアップ	脚	ウォーキング	18	1分間
		バックワード・ウォーキング	20	1分間
	腕	スカル・アンド・ハッグ	6	20回
		アーム・ペンジュラン	10	20回
	体幹	ボディ・ツイスト	16	20回×2回
		ヒップ・サークル	36	10回×2回
メインエクササイズ	エアロビック運動 全身	ジョギング	38	6分間×2回
		ダウン・ヒーラー	42	20回×1回
		ロール・ボディ・ジャンプ	43	20回×1回
		ヒール・タッチング	46	20回×1回
		コンビネーション		12分間
	レジスタンス運動 上肢	プッシュ・オフ	56	20回×2回
		キックボード・プッシュ・アンド・プル	91	20回×2回
	体幹	シット・アップ	59	20秒×3回
		レジスティブ・トランク・ツイスト	89	20回×2回
		フラター・キック	52	1分間×2回
	下肢	ジャンピング・レッグ・アブダクション	40	20回×2回
		ジャンピング・コースライン	44	20回×3回
クールダウン	脚	カーフ・ストレッチ	68	20秒×2回
		シン・ストレッチ	69	20秒×2回
	腕	スカーリング	11	20秒×2回
		トリセプス・ストレッチ	78	20秒×2回
	体幹	サイド・ボディ・ストレッチ	17	20秒×2回
		クロス・ショルダー・ストレッチ	79	20秒×2回
	首	ヘッド・サークル	31	右2回×3回

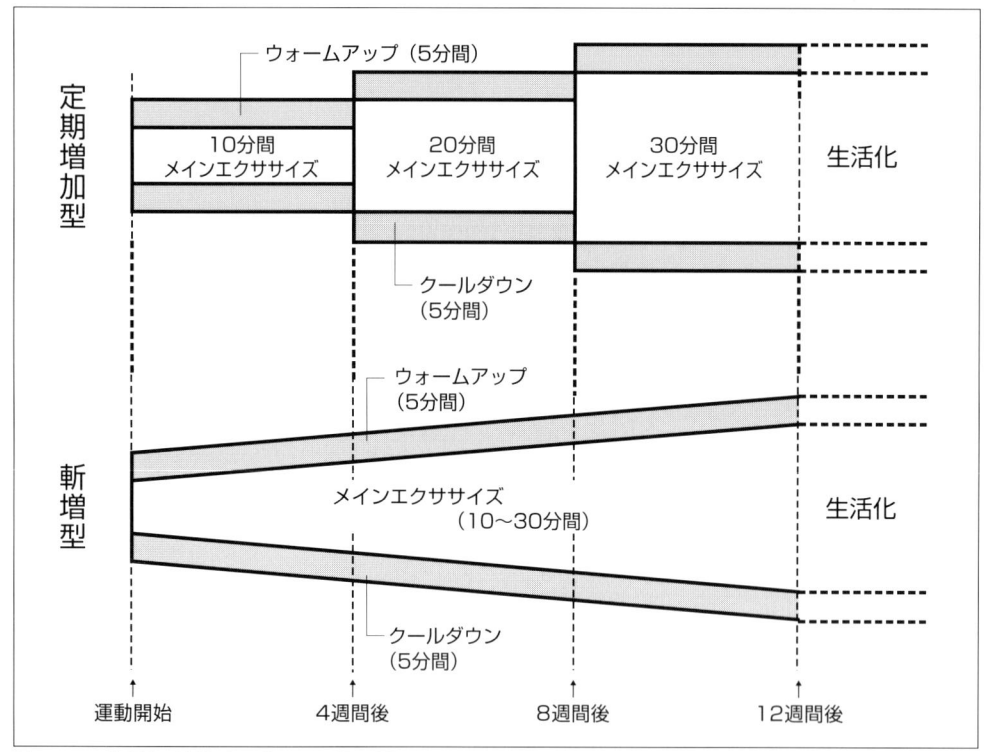

図2-7　12週間の運動プログラムの計画例

【参考文献】
1．Andrea Bates, Norm Hanson 『Aquatic Exercise Therapy』 W.B.Saunders Company, 1996.
2．E.W.マグリスコ, C.F.ブレーナン著, 柴田義晴他訳『マグリスコの水泳教本』大修館書店, 1994年。
3．Jane Katz『 The New W.E.T. Workout』 Facts On File, Inc., 1996.
4．J.A.クラセペック, D.C.グライムズ著, 柴田義晴, 神戸周監訳,『楽しいウォーターエクササイズ』大修館書店, 1993年。
5．Richard G.Ruoti, David M.Morris, Andrew J.Cole 『Aquatic rehabiritation』 Lippincott, 1997.

COLUMN ②

　死海は水の比重が高くて大きな浮力を得ることができる。死海の名前は、塩濃度が高いので生物が生息できないことに由来する。写真は、イスラエルの死海で実際に浮かんでいる様子である。イスラエルでは死海の周辺に温泉が湧き出ている。この温泉は、死海の水と同じ浮力を持っている。この温泉水を活用したクアハウスがあり「スパ」と名前がついて多数の保養客でにぎわっている。
　水中リラクゼーションは、身体的なリラクゼーションに効果が認められているが、むしろ精神的なリラクゼーション効果の方が有効であると考える。近い将来、水中リラクゼーションの効果が数値として示され、家庭でも日常的に取り入れられる日がそう遠くないであろう。

死海（塩分濃度：36.7％）

第3章

目的に応じた
アクアフィットネスの
実践

AQUAFITNESS

1 コンディショニングのプログラム

1 コンディショニングとアクアフィットネス

ここでコンディショニングというのは，主に筋力関係についてである。筋力というと，すぐに思い浮かべるのは，重たいトレーニングマシンや鉄アレイなどを上げたり下ろしたりして強化することかもしれない。しかし，実はもっと身近にできることなのである。筋力を発揮するのには，筋肉が必要である。そして，筋肉は使っていないと力が出せなくなってしまうものである。だから，力は少しずつ，繰り返し使うことが大切な要素なのである。

やっても意味がないというたとえに「暖簾に腕押し」という諺があるが，重たいマシンやウェイトでなくても，力を発揮する相手が風でなびいてしまう暖簾でなければ，いくらかの役に立つことが考えられる。そう，力を発揮する相手が，水でもいいのである。前にも述べたが，水は空気の約800倍もの密度がある。一回だけでは，あまり感じないかもしれないが，繰り返し手で水を掻いていると，結構疲れを感じてくるのはそのためである。手のひらの動かし方を，図3-1のように比べてみると解るだろう。水の中で速く動かすためにはより大きな力が必要となる。また，水に浸かって腕を動かしてみると，動作の初めから終わりまで常に水による負荷がかかるようになる（図3-2）。

このことは，水を使った筋力トレーニングが，マシンを使うより優れた点といえよう。そして，手の動作に限らず，あしにしても，同様なことが考えられる。また，歩く方向を考えても，カニのような横歩きと前後方向に歩くのでは，水から受ける抵抗が異なってくる。体を回転させるときも，手を広げて伸ばしたり，そのときの手のひらの向きを変えることによって，水から受ける抵抗が調節され，筋肉の使われ方もいろいろになるのである。

一方，水の中で行うメリットとしては，浮力を受けるということがある。特に，垂直方向のジャ

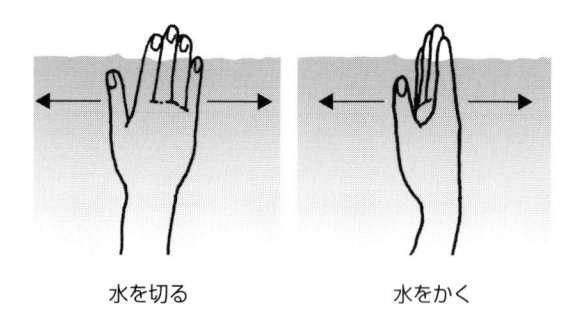

水を切る　　　水をかく

図3-1

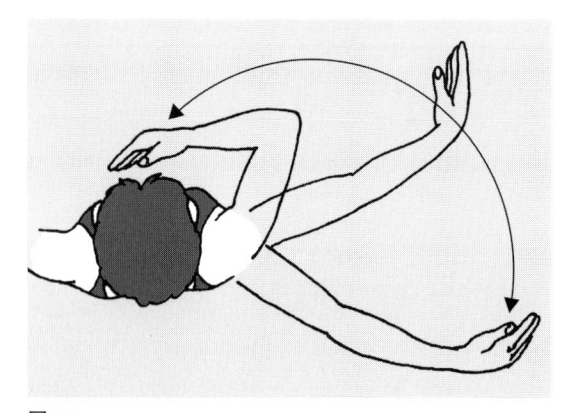

図3-2

ンプのような動作では，着地をしたときの衝撃が少なくなり，足首や膝，腰にとってはとても都合がよい。跳び上がろうとするときも，関節を伸ばすスピードが陸上で行うよりゆっくりになるので，筋肉にかかる負担は急激ではなくなる。だから，整形外科的な問題をもつ人（4章の5参照）にとっても都合がよいのである。

2　プログラム

　体のどの筋肉がどんな動きに関わっているかを知ることがとても大切である。そして，一つの動作を何回繰り返して続けるかということも大切である。さらには，一週間に，あるいは1ヶ月に何回行うかという頻度ももう一つ重要な点になる。

1）全体的な筋肉量を増やす意味

　体重を調節するためには，運動をすることが食事とともに大切な要素である。体重が増加しないことや減らすことを目的とした場合には，エネルギーを使う部位としての筋肉を多くすることがねらいとなる。ボディビルのように，外見からも解るような隆々とした筋肉を，アクアティックな運動だけで作るのは不可能である。経験的にも，オリンピックや世界選手権のトップになった水泳競技の選手の筋肉は，柔らかく丸みを帯びていた。体型としては女性に適した筋肉の発達が期待できる。体重を増やそうとするときに，脂肪を体に取り込むと，様々な健康上の問題点を一緒に抱え込むことになりやすい。食事の量や質を考慮しながら，上手に筋肉量を増やして体重を増やすことができれば，健康的に体重の調節をすることができるのである。このような理由から，特に躯幹部（胴体）にある腹筋群や背筋群，そして上半身を回旋させるときに使う体側部にある腹斜筋などの大きな筋肉をトレーニングすることが有効となる（図3-3）。さらには，つぎに大きさも大きく，またよく使われる脚の大腿三頭筋や大腿二頭筋などの筋肉群も，トレーニングの効果を得るには格好の対象となる。

2）上肢の筋肉と動作

　上肢の筋肉とは，肩から指先までの筋肉をさす。肩の関節は，腕を回転させるような広い可動域を持っているが，これらの動きを支えているのは，三角筋，大胸筋，大円筋や僧帽筋などである。肘の関節を曲げ伸ばしするためには，上腕三頭筋と上腕二頭筋などが主に働くことになる。手首を回転させたり曲げたり伸ばしたりするのは，腕撓骨筋，円回内筋などやその他の多くのあまり大きくない筋肉である。

①手首の屈曲と伸展
・水の中で手のひらがグーのときとパーのとき

②肘関節の屈曲と伸展
・手のひらがグーのときとパーのときの向き（水の中）
・上肢がすべて水の中（肩まで浸かって）の場合と肘から先だけ水の中の場合

③肩関節の内旋と外旋
・肘関節の屈曲と伸展
・手のひらがグーのときとパーのときの向き
・上肢がすべて水の中（肩まで浸かって）の場合と肘から先だけ水の中の場合
・左右同時と片方ずつ

④肩関節の内転と外転
・肘関節の屈曲と伸展

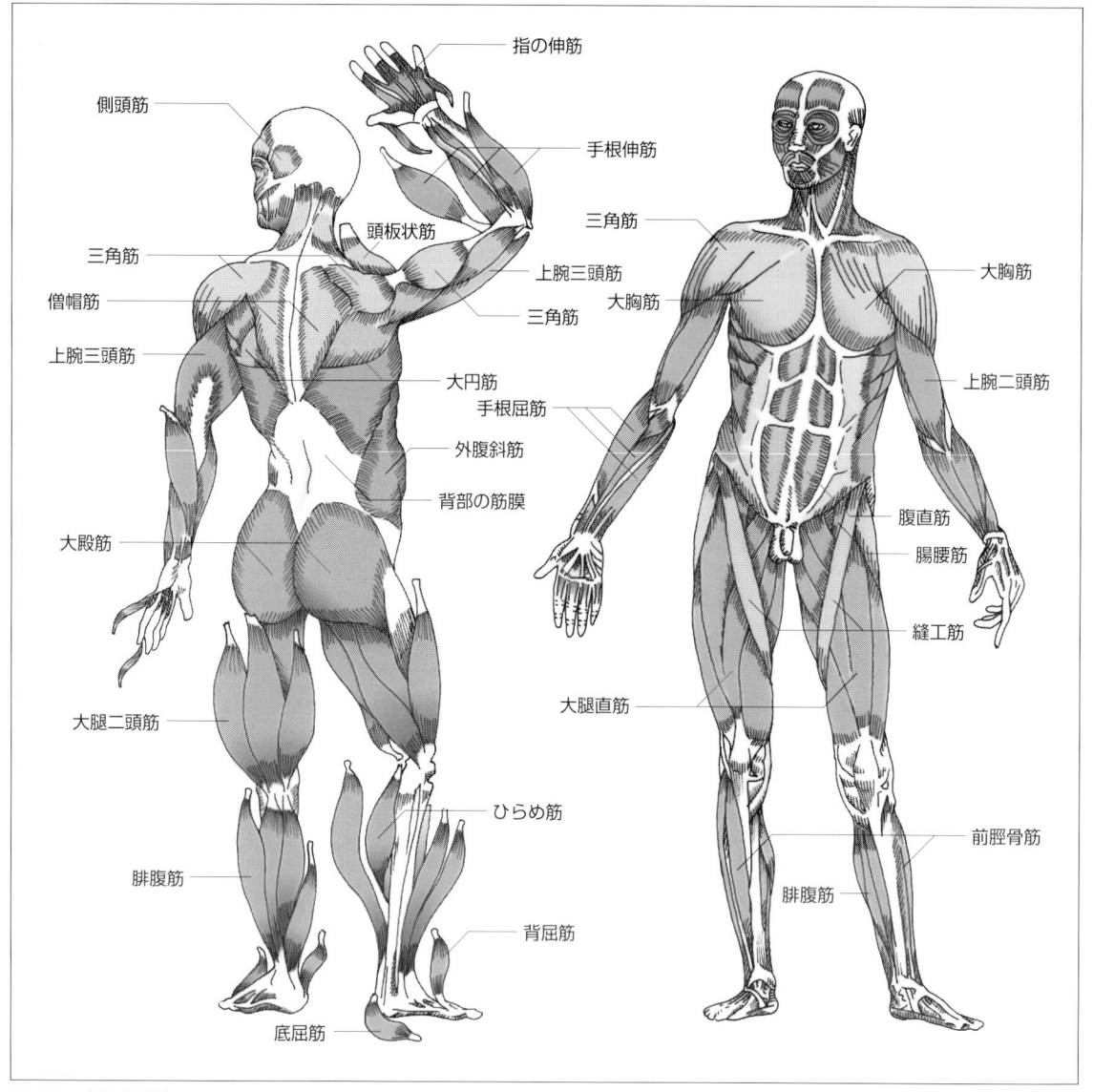

図3-3 全身の筋肉

- 手のひらがグーのときとパーのとき
- 上肢がすべて水の中（肩まで浸かって）の場合

  それぞれの運動の時の水深を，適切に選択することが大切である。

⑤肩回し（手は肩にのせて）

- 上腕の内旋・外旋（図3-4a）…左右同時に，あるいは左右それぞれに行う。

- 身体の前で肘をつけて戻す（図3-4b）

⑥暖簾に腕押し

- 脚をやや開いたスタンスで手のひらを前に向けて前方へ押し出す（図3-5a）
- 脚をやや開いたスタンスで手のひらを左右それぞれ横へ向けて押し出す（図3-5b）
- 脚をやや開いたスタンスで手のひらを片手は前，

もう片方は横へ向けそれぞれ押し出す（図3-5c）

⑦ 腕全体で水の抵抗を利用
・手のひらは下向きで腕を横に伸ばし、水平状態から下方へ水を押す（図3-6a）[No.29]
　上方へ戻すときは、手のひらをたてて水を切り抵抗をなくす
・同様にしながら、腕を身体の前でクロスさせ、つぎに腕を下ろすときは身体の後ろへ（図3-6b）
・両腕を横に伸ばし、後方へ手のひらで水を押す（図3-6c）

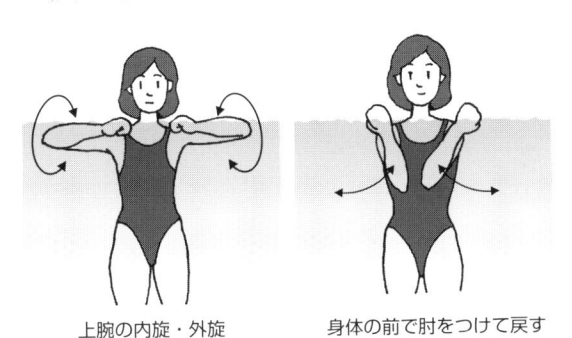

⑧ 水平に腕を伸ばしそのままの状態で回旋（図3-7）
・手のひらは回転の進む方向へ向けて上体を左右にひねる（左右方向へ各4〜8回）

⑨「糸巻き」のように、上体の前で前腕の回転（図3-8）[No.13]

3）下肢の筋肉と動作

股関節から足の指先までの動きに関連している。大腿の前側にある大腿四頭筋や後ろ側にある大腿二頭筋などは、膝の曲げ伸ばしに使われる。足首の関節の動作に関わっているのが、前脛骨筋やヒラメ筋、腓腹筋などである。足（足首から先）の動きを支えているのは小さな多くの筋肉群（足底筋群）である。

足の動かし方と負荷のかかり具合の変化はつぎ

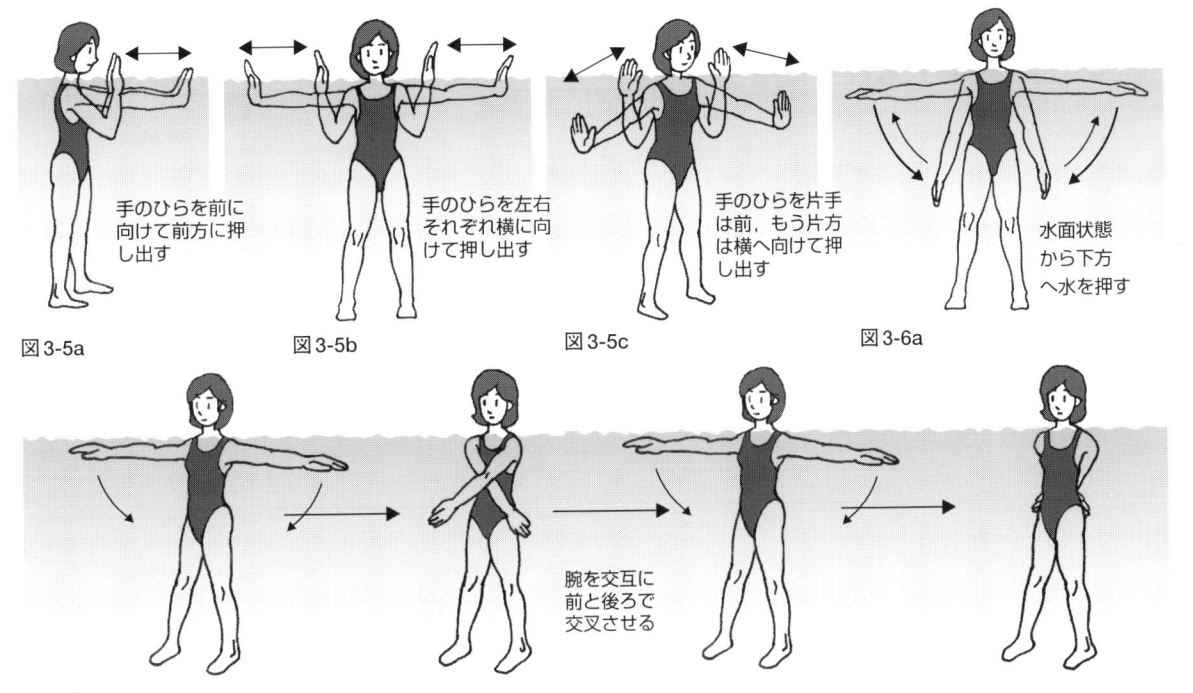

図3-4a 上腕の内旋・外旋
図3-4b 身体の前で肘をつけて戻す

図3-5a 手のひらを前に向けて前方に押し出す
図3-5b 手のひらを左右それぞれ横に向けて押し出す
図3-5c 手のひらを片手は前、もう片方は横へ向けて押し出す
図3-6a 水面状態から下方へ水を押す

図3-6b 腕を交互に前と後ろで交叉させる

のようなものがある。

①足関節の背屈（甲の方に曲げる）と底屈（裏の方へ伸ばす）（図3-9a）［No.71］

②膝関節の屈曲と伸展：
・足関節の背屈時と底屈時［No.67］

③股関節の屈曲と伸展，内旋と外旋，内転と外転（図3-9b）［No.14，15］

両足同時（①，②）と片方ずつ（①，②，③）体重をかけて行うのと，プールサイドなどに腰

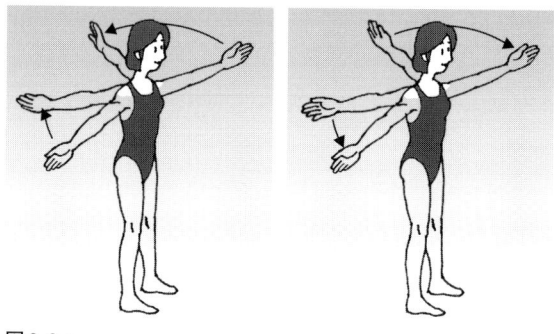

図3-6-c

図3-7

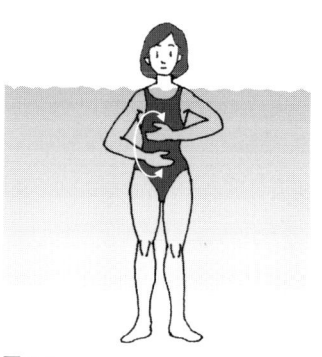

図3-8

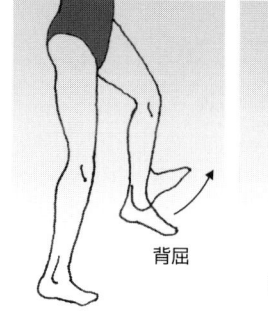

図3-9a

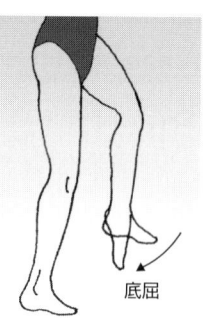

図3-9b

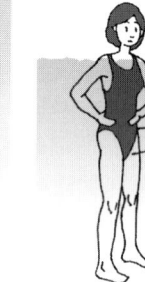

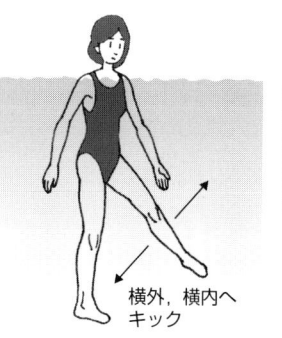

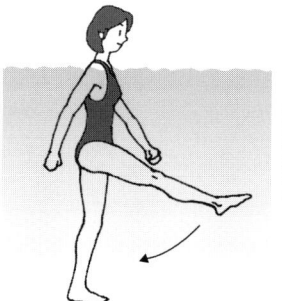

図3-10

図3-11

掛けて行う方法がある。

④**キック**（図3-10）
- 片足立ちをして，立ち足の膝は曲げて前へキック
- 片足立ちをして，立ち足の膝は曲げて後ろへキック
- 片足立ちをして，立ち足の膝は曲げて横外方向へキック
- 片足立ちをして，立ち足の膝は曲げて横内方向へキック

⑤**ストレート・レッグ・ウォーキング**（脚を降ろすときに力を入れて）（図3-11）［No.23］
- 膝を伸ばしたまま，脚が90度まで上がるように歩く（足首を脱力させて）
- 膝を伸ばしたまま，脚が90度まで上がるように歩く（足首を伸ばして力を入れて）

⑥**横歩き**
- 開いた脚を降ろすときに力を入れて
- クロスさせながら（進行方向の後の脚を，身体の前と後ろへ交互に運ぶ）（図3-12）［No.21］

⑦**がに股ジャンプで横歩き**
- しこを踏んだような姿勢から，ジャンプしながら横へ移動（図3-13a）［No.48］
- しこを踏んだような姿勢から，ジャンプしながら脚はクロスさせてその場へ降りる（図3-13b）［No.50］

⑧**膝を曲げての回旋**
- 片足ずつ膝を曲げて，水の抵抗を膝の横で感じながら股関節の回旋（図3-14）［No.62］
- 両踵は離さずに膝だけを割るように膝を曲げ，外転のときは膝の外側で，内転の時は膝の内側で水の抵抗を感じるように行う

足をクロスさせながら横歩き

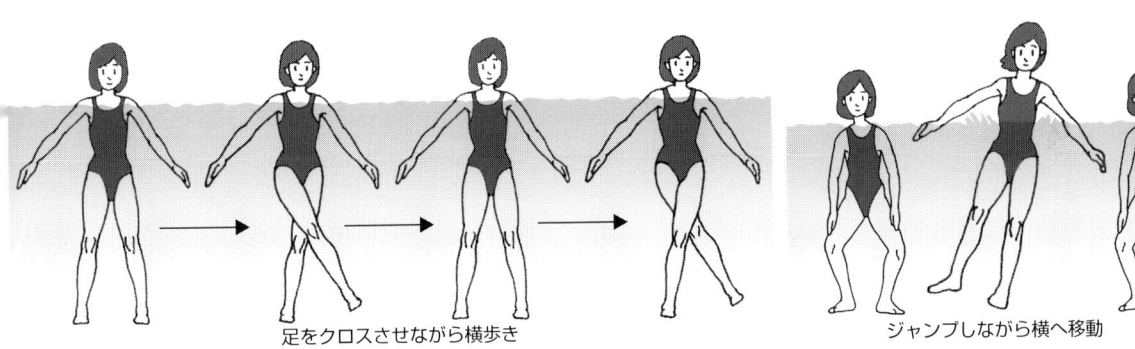

図3-12

ジャンプしながら横へ移動

図3-13-a

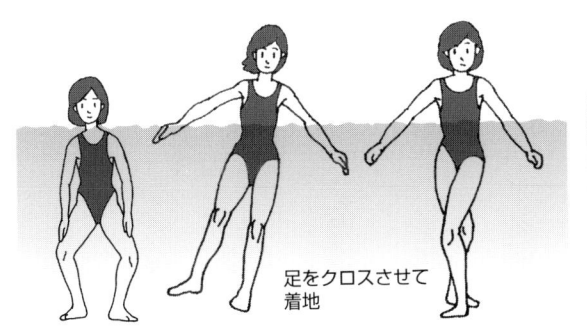

足をクロスさせて着地

図3-13-b

股関節の回旋

図3-14

4）躯幹（胴体）の筋肉と動作

躯幹部を前に曲げる時に使われるのが腹直筋で，背中を反らせるときに主に使われるのが広背筋などである。立ったままや座ったままで，上半身の姿勢を維持するために，動作として目に見える動きをしなくても，脊柱起立筋として使われていることが多い。肩を前に出して胸をすぼめる時には，大胸筋が働き，胸を張って肩甲骨を寄せるようにするときは，背中の棘下筋や菱形筋なども使われる。頭のてっぺんから縦に貫く軸を中心にして体をひねるような動作では，体の横についている内腹斜筋や外腹斜筋と広背筋などが協調しながら姿勢を調節する。脚を動かすためには，大殿筋や中殿筋に代表されるお尻の周りや，腸腰筋といわれる体の前面にある筋肉などが機能している。

①前屈と後屈と側屈
②腰部のひねり

・両手でプールサイドやキック板などにつかまって，あしを浮かせながら（体重をかけないように），右肩（左肩）を水面から出しながら，左の腰骨（右の腰骨）を水面へ出す。
・脚を浮かせ腰をひねろうとするときに，膝を曲げながら引き寄せる。
　補助浮き具を利用しながら行うのもよい。

5）ひねる動作の重要性

日常の歩いたり走ったりする動作には，あまりひねりの動作は含まれていない。しかし，競歩やスピードのあるランニングになると，上半身や腰のひねりが大きく関わってくる。野球などの投球動作や，テニス，バドミントンといったラケットを用いるスポーツでも，躯幹部のひねりが使われ，サッカーやラグビーのように蹴る動作も，特に強いシュートや距離を稼ぐパスなどではひねりの動作が必要となる。

また，バレーボールやバスケットボールなどの球技も含めて，フェイントなど予想しにくい動きを伴うスポーツでは，バランスをコントロールしたり，人との対応動作の中で日常生活ではあまりとらない不自然な姿勢や，あるいは無理な姿勢をとらざるを得なくなって，ひねりの姿勢がしばしば使われることがある。そんなときのためには，普段からひねりの動作を心がけたプログラムを入れておくことが望ましい。さらに，躯幹部のこれらの筋肉量は多いのでこれらを利用することは，多くのエネルギー消費を伴うことになるのである。「1）全身的な筋肉量を増やす意味」との関連も自ずと多くなるのである。

6）複合動作

複合動作としては，つぎのようなものがある。

① 躯幹部のひねりの時に，腕を伸ばすか腕を縮めて体の近くにするかによる違い
② 腰を回旋させながら膝を曲げて足を持ち上げる
③ スカーリングのように上腕と前腕の動作に時間差をつける
④ 手を広げて両手で水を下に押しながらジャンプ（つま先まで意識して伸ばすのと，大腿部だけを意識するやり方などがある）
⑤ 水中歩行をしながら，大股に歩くことで足底筋群を使う
⑥ 水中歩行をしながら，手で水を掻くことで上腕屈筋群や前腕伸筋群を使う（クロールやバタフライのように）
⑦ 水中歩行をしながら，手で水を掻くことで上

腕屈筋群や大胸筋を使う（平泳ぎのように）
⑧　後ろ向きに水中歩行をしながら，手で水を掻くことで前腕伸筋群を使う（バックストロークのように）
⑨　水中歩行のように，前に歩こうとしながら後ろ向きに両方の手を掻いて，足で進もうとする方向に逆らうように手で推進力を得る
⑩　横向きの水中歩行によって大腿部大内転筋を使う

7）4）〜6）で用いる運動プログラム
①立って
- 肘を身体の横で軽く曲げて固定し，片方ずつ膝を曲げて上げながら上体をひねり，それぞれ反対の膝と肘をくっつける（図3-15）［No.51］

②ジャンプをしながら
- 着地の時に下半身と上半身がひねられて，少しずつ逆を向く
- ジャンプの最中に回転（90，180，270，360度）
- 着地の時に，スキーのような「く」の字姿勢

③歩きながら
- 一歩ずつ片方の膝を胸まで抱え込んで，膝を胸につける（図3-16）
- 歩幅を広く，斜め前へ大きく一歩ずつ（スケートの要領で）

④片足で立ってバランスを取る
- 上げた脚は後方で膝を伸ばし，できるだけ高く維持する（30秒）

⑤キック板を使って
- 両手でキック板をおさえ身体を浮かせ，膝を左右にひねりながら曲げ伸ばし［No.110のバリエーション］
- 両手でキック板をおさえ，鉄棒にぶら下がったように脚を前後に大きく振る（最大に振れたときは，前後とも水面に身体が浮くように）（図3-17）［No.84］

図3-15

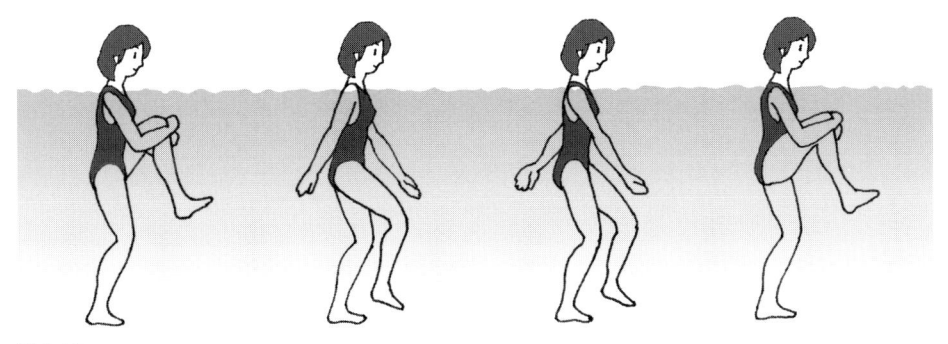

図3-16

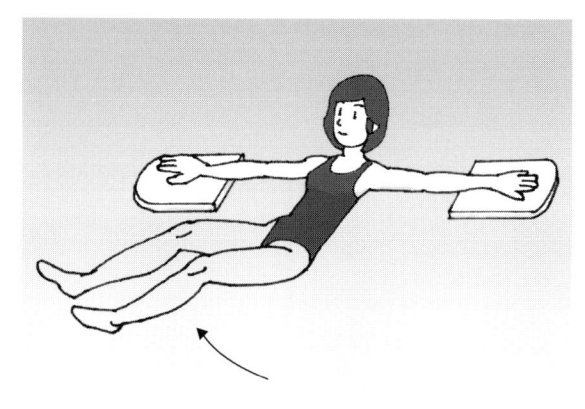

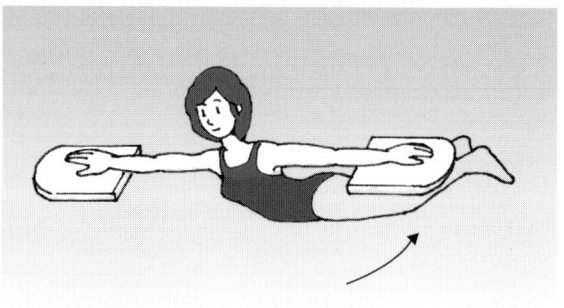

両手でビート板をおさえ，体を浮かせ，足を前後に大きく振る。

図3-17

8）負荷の強さと持久性（回数）

　水の中では，動作を行おうとすれば，水の抵抗を考えなければならない。水から受ける抵抗は，進行方向に対する断面積や速さに比例したり，もっと速い場合は，速さの2乗に比例するのである。そこで，筋肉に，より大きな負荷を加えるためには，抵抗を増やすことが必要であり，動く方向に対して，断面積を大きくすれば大きな負荷を加えることになる。つまり，手のひらを指と指の間が開かないようにして，より多くの水を掻こうとするとともに，さらにより速く動かそうとすれば，大きな抵抗が生まれて，大きな負荷のかかった運動となる。また，上肢の運動としては，肩の高さで肘を伸ばして体の前に向かって手のひらを合わせるように回旋させると，肘を曲げたときよりも，水を受ける面積が広がり大胸筋には大きな負荷がかかることになる。

　一方，一回の負荷が大きくなれば，繰り返し行なえる回数は少なくなってくる。回数を多く繰り返そうとすれば，一回の負荷が小さい方が体への負担は，少なくてすむことになる。このように，1回の負荷の大きさと，繰り返し行う回数は，相互に密接に関連している。そして，繰り返しの回数を多くすることは，「2．全身持久力を高めるプログラム」で触れる持久力へとつながってくる。

3　留意点

- 一つの動作を飽きるほど長く続けない。
- 動作に使う筋肉が，同じところに連続して集中しないように順番でローテーションする。
- 呼吸を止めずに，吐く方にやや重きを置く。
- 浮力を利用して，リラクゼーションやストレッチングも取り入れる。

2 全身持久力を高めるプログラム

1 全身持久力とアクアフィットネス

　人間の全身的な持久力に大きく関わっているのは，心臓と血管からなる血液の流れと，肺における酸素の取り込みや二酸化炭素の排出といったガス交換，さらには末梢の血管と筋肉などの組織間で行われるガス交換などである。もちろん，血液の成分そのものにも深く関与するが，ここでは深く触れない。

　水中における血液の流れは，特に体の表面を流れる静脈について，陸上運動と異なる特徴を持つといわれている。それは，水に接しているために水圧を受けているという点と，熱を奪われやすいという点である。このことはつまり，水中で運動するときのスピードの違いがわずかでも，体に対する負担の変化が大きくなるということである。陸上では，1分間に歩くスピードが10m違ってもあまり変わらないが，水中で1分間に10m遠くまで歩くと，大きな負担になってくるのである。

　このように，わずかな違いをうまく利用することによって，アクアフィットネス運動の影響を大きく変えられるということになる。運動することによって，呼吸循環系を働かせると，ガス交換が円滑に，そして，効率よく行われるようになるのである。また，特に運動をしていなくても，上半身に水圧のかかった状態で呼吸することによって，呼吸に使われる筋肉に効果が期待される。

2 プログラム

1）一定のスピードで続けられる速さの動作を行う

　長い時間同じような運動が続けられるということは，ガス交換やエネルギーの供給がうまく続けられるということである。従って，どれくらいの速さであれば，その運動が続けられるのか試してみなければならない。

　まず最初に，一つの動作について10回を目安に何分かかるかを測ってみる。歩く場合は，プールの片道（25m）や往復を5回とか10回往復するのに何分かかるかを測ってみる。

①水中歩行の場合は，水深にも大きく影響される。自分のへそからみぞおち（鳩尾）に水面がくる程度の深さがやりやすい水深である。

・初めて行う時は，5m歩くのに10秒くらい（25mに50秒）の速さから試してみる。手は陸上歩行と同じように，交互に軽く振るか，バランスをとるために軽く水につけて，進むのに抵抗にならないように軽く水を後ろに掻いてみる。あまり大股にならないようにするのがよい。

・バランスを崩さずに歩けるようになったら，時計をしばしば見なくても同じペースで歩けるように，一回の継続時間を5分ほど長くする。

・水中で歩行中に倒れそうになる心配がなくなれば，進行方向にやや体を前傾させて水に体を預けるような気持ちで，歩幅を少しずつ広げる。

・手の振りを大きくして，体を前傾させるときに

リズムを取るようにして，歩く動作に強弱をつけてみる。

- 歩き終わってからも，血圧や呼吸の乱れがあまりなく，つぎの日にも疲労が残らなくなってから歩く歩幅を少し広くしたり，歩くペースを少し上げて行く。

②アクアフィットネスでは，まず適切な動作を覚えることから始まる。水から受ける水の抵抗感に慣れたり，手のひらの向きや肘や肩の関節角度を見なくても適切な位置に保てるようにする。そして，8回あるいは10回と区切って，数を数えながらゆっくりと繰り返す。

③アクアフィットネスでは，まず様々な動きの組み合わせを10分程度続ける。上肢や下肢の動きが中心的なものから，徐々に躯幹部の動きやジャンプへと移行し，横方向の動きのあるものへとプログラムを進め，そして前後方向の動きのあるものをつぎに行う。後半には，再び上肢や下肢の動きが中心で動きが少ないものへと移行していくのが望ましい。連続して同じ筋肉を使い過ぎないように，上肢のつぎは下肢へと動かす部位を順番に交替させる。

- 水中では浮力の影響で，あまり高くジャンプしなければ，上下の動きが体の負担とはならない。
- 水中では水から受ける抵抗により，左右の動きの方が前後の動きよりも抵抗が少なく，体への負担はあまり大きくならない。
- 前後左右ともバランスをうまく取れるようになれば，歩幅を広くして移動距離が伸び，負荷を大きくしていける。

2) 長い時間（10〜15分程度）続けられるような動作を行う

心拍数が50％程度になる強さの運動を15分以上続けることで，呼吸循環系の機能の向上が十分期待できる。これより短い時間では，効果が十分に得られないこともある。

3) 1)，2)で用いる運動プログラム

ウォームアップ（約10分）：

- プールサイドでのストレッチングや，プールサイドに腰掛けてシザーズや上向きのドルフィン動作
- 水中でのウォーキング，左右方向への歩行
- 肩まで水に浸かってから軽いジャンプ
- その場足踏みしながらクロスステップで腰の両方向への捻転

メインエクササイズ（約30分）：

ウォーキング……進む方向は，横，後，前の順

- 腕の振りは片手から両手へ
- 水の掻きかたは水を「切る」から「掻く」へ
- 歩幅を狭くから広くへ
- 大腿部を高く引き上げる

ジョギング……横，後，前の順

- 腕の振りや水の掻きかた……片手から両手へ
- 水を「切る」から「掻く」へ
- 腕振りの代わりに，脇で水を挟む

ジャンプ系……両手を徐々に使って，手で水を掻いて少しずつ高くジャンプ

- ジャンプから降りるときに手を広げてゆっくり着水する
- ダンスのような動き

クールダウン（約10分）：

- ストレッチング

・リラクゼーション

3　留意点

　一定の呼吸リズム（会話ができる程度）で行う。強い力を発揮しようとするときは，呼吸を止めて力むので，呼吸が止まってしまう（息こらえをしてしまう）ことがある。そうすると大きな筋肉の中を通っている血管の流れが悪くなってしまうので，持久的な運動としては好ましくない。このような強い力を発揮することをさけるように運動するのがよい。力まなければ追いついていけないようなスピードでは行わない。

　インストラクターがプールサイドでリードする動きと，水中での動きの差（スピードや大きさ）を常に注意しなければならない。

3　柔軟性を高めるアクアフィットネス

1　柔軟な身体とアクアフィットネス

　様々な関節の動く範囲（可動域）が広いことが，柔軟な身体といえよう。

　準備運動としてストレッチングを行うことが多いが，浮力をうまく使うことができると，関節の周囲の組織や筋肉をリラックスさせて可動域を広げることができるようになる。

2　プログラム

1）肩関節

①プールサイドに向かって立ち，両手の指先をプールサイドにわずかにひっかけるように置く。ゆっくり腰を後ろへ引くように腕を伸ばし，さらに両肩を前に出して胸をすぼめるようにして脇の下を伸ばす。浮力を胸全体で受け止めるように水に胸をかぶせる。

②片方ずつ行うときは，上半身がプールの壁と直角になるくらいまで開き気味にする。伸ばした腕と反対の足に重心をかけるようにして半身になり，腕の下側と脇で水を受け止めるように少しずつ身体を水に沈ませる。

③背中をプールサイドに向け，両手を広げて手のひらを下向きにしてプールサイドに乗せる。肩甲骨をうしろに寄せるようにしながら，胸を張るように前方向へ上体を倒す。

2）股関節

①安定できる姿勢をとり，片足ずつ開脚姿勢をとりながら行う。浮力によって，陸上より支える体重が少なくてすむことを利用する。前後方向への開きと，左右方向への開きが考えられる。

②片足で立ち，立ち足側の手でプールサイドを支える。反対側の膝を軽く曲げて大腿部が横向き

になったときに水平になるように脚全体をゆっくり大きく回す。

3) 脊椎

① 背中にキック板などを入れて仰向きになって水面に浮く。手足をそれぞれ指先の方向に，背伸びをするように伸ばす。

② イルカが水面を泳ぎながらジャンプするように，背中を少し丸めて両手を前に伸ばし，水底を蹴って逆飛び込みのように水面からサインカーブを描き，推進力がある間に身体を反らせてゆっくり立ち上がる。浅いプールであれば，身体を反らせるときにプールの底に両手を着いて勢いをもらってから，身体を反らせながら浮き上がる（図3-18，イルカ跳び）。

③ あまり大きく息を吸い込まずに息を止め，胸をすぼめながらゆっくりと足を抱え込むように浮く姿勢をとり，背中を丸めるようにして筋肉を伸ばす（クラゲ浮き）。

4) 足関節

片足立ちになり，立ち足側の手をプールサイドで支えて安定を図る。反対の足を背中の方から膝をあまり曲げないように大きく蹴り始め，指先が身体の前の水面に出るまでゆっくりと蹴り上げる。足の甲で水の抵抗を大きく感じるように動かす。水面から足の甲が出る少し前に，力を抜いて指先が押し上げた水が水面を盛り上げるようにする（写真2-13b，p.17参照）。

3 留意点

ストレッチングのように，呼吸を止めずに，息を吐き出すことに意識をおいて，ゆっくりとした動作で繰り返し行う。

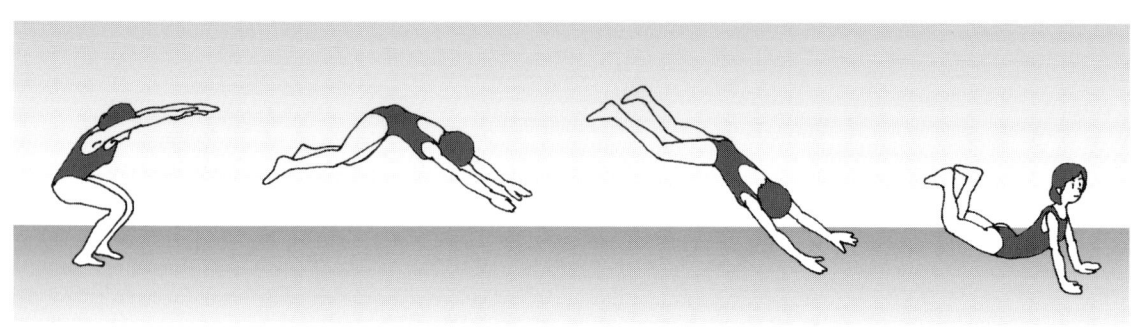

図3-18

4 身体のダイナミックバランスを高めるプログラム

1 身体のダイナミックバランスとアクアフィットネス

水中では，浮力の助けを借りて，陸上ではなかなかできない変化や大きな動作ができる。大きくストライドを伸ばした水中ウォーキングや片足立ち，そしてジャンプなど，陸上では困難な動作や姿勢の組み合わせと連続動作が可能になる。

アクアフィットネスは，やはり，姿勢を次々に変えていくプログラムから構成する。

近年，大きなやわらかい，そして充分な弾性をもったボールが開発されたので，その上に腰をおろしたり，お腹で乗って両手，両脚を開いてバランスをとったりするバランスコントロールプログラムが普及し始めている。

2 プログラム

水中におけるダイナミックなバランスコントロールのプログラムを紹介したい。

最も基本的なバランスコントロールは，水中での片足立ちや水中ウォーキングである。また，ジャンプやボールゲーム等は，応用プログラムである。伏し浮きからすばやく立ったりするような姿勢変換もこのプログラムで実践したい。

① 水中片足立ち
② 水中ウォーキング［No.18～20，23～26，28］
③ 水中ジョギング［No.38，39］
④ 横方向への移動［No.21］
⑤ 前後方向への移動［No.35］
⑥ ジャンプ…閉脚のジャンプ，開脚のジャンプ，かかえ込みジャンプ，腕を大きく広げてジャンプなど［No.40～45，47～50］
⑦ 1/4ジャンプ（回転しながら）［No.45］
⑧ 1/2ジャンプ（回転しながら）［No.45］
⑨ ディープウォーター運動［No.106～111］
⑩ 水中ポートボール（ビーチボールを用いて）
⑪ 水中バレーボール（ビーチボールを用いて）
⑫ ボール運びゲーム（2人で手を用いてボールをつかんで）
⑬ ボール運びゲーム（2人で顔や頭を用いてボールをおさえて）
⑭ 水中綱引き（人数は2人から多数まで）
⑮ パラバルーンを用いたプログラム
　※⑩，⑪は陸上で行うルールに準じて行う

3 留意点

ダイナミックなバランスのプログラムは，応用編に属するプログラムが多いため，水中運動にある程度慣れ親しんだ頃に導入したいプログラムが多い。また，ゲームになるとつい力が入ってしまったりするので，レクリエーションであることを必ず認識してもらうように注意を与える。

上肢をダイナミックに動かすとき，体の側面から後ろへもっていくことがないようにする。肩関節は，後ろの方向ではとても弱い力しか発揮できない。

5 ウェイトコントロールのプログラム

1 ウェイトコントロールとアクアフィットネス

　肥満者は陸上で長時間運動すると，膝，腰，足首などに痛みや疲労を覚えることが多い。水中では浮力の影響で体重が軽くなる。このことを利用したプログラムは有酸素性の運動を取り入れることがポイントである。

　そもそも肥満（obesity）は，体脂肪のつきすぎが主因である。みかけの姿とは関係なく，やせてみえても体脂肪率が多い場合があり，これを"やせ肥満"という。体重を一定に保つことは健康維持・増進において最も気をつけやすい事柄である。体重を3つの範疇で考えてみたい。

1) 理想体重（ideal body weight）
2) 標準体重（standard body weight）
3) 至適体重（optimal body weight）

　「理想体重」とは，米国の生命保険会社がその年の統計上最低死亡率を示した25歳の平均体重である。「標準体重」は，肥満判定基準を身長との関係で求めたものである。例をあげれば，標準体重(broca体重)＝身長(cm)－100などである。「至適体重」は，個人を対象とした健康維持・増進に焦点をあてた概念である。つまり，それぞれの個人にとって最も体のコンディションがよい体重のことをさし，必ずしも他の2つの概念にはとらわれない。同一の身長のヒト100人が集まっても同一体重にはならないように，体重には個人差があり，体質と深く関わる。

　ウェイトコントロールのために行うアクアフィットネスには2つの考え方がある。1つは，過剰な体脂肪率を減らす目的で行うアクアフィットネスである。もう1つは，体重を維持し，健康を保持増進するためのアクアフィットネスである。つまりコンディショニングを目的とするものである。

　過剰な体脂肪率減少を目的とした場合，エアロビックエクササイズを中心としたプログラムとなる。肥満者は，体脂肪が浮力となって水中では下肢関節への負担が軽減し，安全に行うことができる。しかしながら，目にみえるような減量を行うことは難しい。水中では大きなエネルギー消費量が期待できないからである。しかしながら安全に実施することができるので，長い期間を通してウェイトコントロールに取り組めば体脂肪が著しく増加することはほとんどない。

2 プログラム

　ウェイトコントロールのためのプログラムのメインは，水中ウォーキング，水中ジョギング，ディープウォーターエクササイズ等の有酸素的な運動プログラムである。図3-19に水中トレッドミル歩行時の酸素消費量を示した。水中トレッドミルの場合，水位を大転子にとったとき，時速4kmで0.5ℓ/分の酸素摂取量となる。簡単な消費カロリーの計算をすると1ℓ/分の酸素を消費する運動強度では，ほぼ，5kcal／分におきかえて考えることができる。つまり，0.5ℓ/分の運動を60分行うと，

$0.5(ℓ/分) \times 5(kcal) \times 60分 = 150(kcal)$

となる。

　実際の水中ウォーキングは，時速1km〜2kmのスピードで行われることが多い。

　酸素摂取量にすると同じスピードの水中トレッドミル（歩速1.8km／時）の約3倍と見積もられる。水中ウォーキングは，ある程度のエネルギー消費を望むことができるが，水中ウォーキングだけで減量することは難しく，むしろ体重維持のためと考えることが妥当であろう。

① 水中ウォーキング［No.18〜20，23〜25］
② 水中ジョギング［No.38，39］
③ アクアビックエクササイズ（エアロビック運動）

　音楽といっしょに種々の動作を取り入れた有酸素運動［No.38〜52］

④ ディープウォーターエクササイズ（浮き具を用いて実施する）

　ハイニージョグ（high knee jog）（膝，ももを高くあげたジョギング）
　サイクリング（cycling）（自転車をこぐように）［No.106］
　クロスカントリースキー（Cross-country ski）（膝を伸展させて，クロスカントリースキーをするように）

3　留意点

① 肥満傾向のある人たちが，アクアフィットネスを行う場合，プールの水位がポイントである。水位が低いと腰痛等の原因になることがある。適切な水位は腰部か胸部の水位である。
② 減量目的の場合，食事指導を受けたり，アクアフィットネス以外の運動も取り入れ，目的にあった運動プログラムを選択すべきである。
③ アクアフィットネスは，長期間継続することで本来の効果を得ることができる。夏期だけでなく冬期においても実施できるので，オールシーズン継続するようにする。

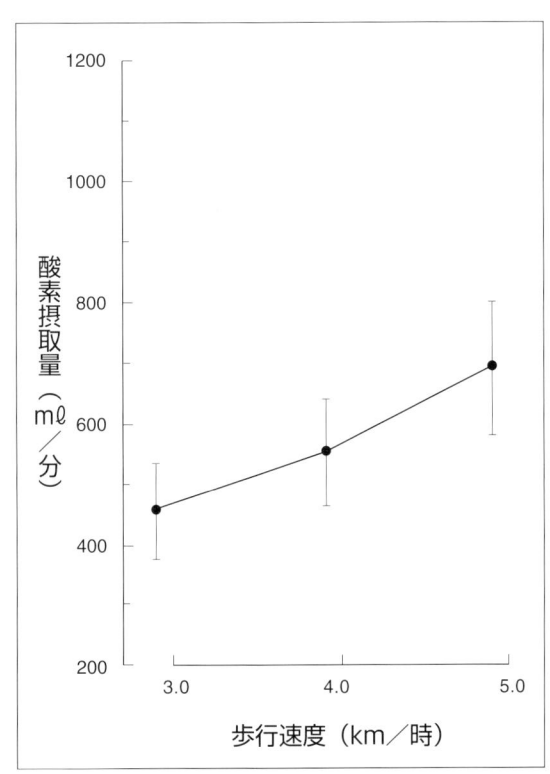

図3-19　水中トレッドミル歩行時の酸素摂取量の変化

6 リラクゼーションのプログラム

1 リラクゼーションとアクアフィットネス

　水中リラクゼーションは，浮力を活用した方法であり，浮き具を用いて実施するのが一般的である。水中でのリラクゼーションは，無重力に近い環境であり，陸上よりも深いリラクゼーション効果が期待できる。

　水中リラクゼーション時の心拍数，血圧，そして酸素摂取量などの変化については資料が少ない。平均年齢56歳の女性6名を対象とした事例を紹介する。図3-20に心拍数変化，図3-21に血圧の変化，図3-22に酸素摂取量の変化を示した。写真3-1に水中リラクゼーションの測定の様子を示した。

　仰臥位になり，頚部，手部，足部にはアクアブロックを，腰部にはフローティングベルトを用い浮力を得た。水温と室温は30℃とした。陸上と水中のリラクゼーションを比較すると，心拍数はわずかに水中が低めである。血圧は逆に水中が高めであった。これは対象が中高年者であったためであろう。若年者では，血圧も同様に水中で低めになる。酸素摂取量はわずかに水中が高めになる。

　これは，水温が体温よりも低いことから，体温を維持するために代謝が亢進したためである。

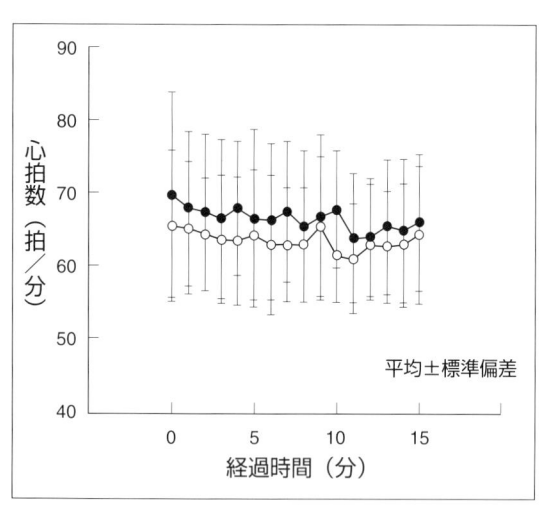

図3-20　リラクゼーションにおける心拍数の変化

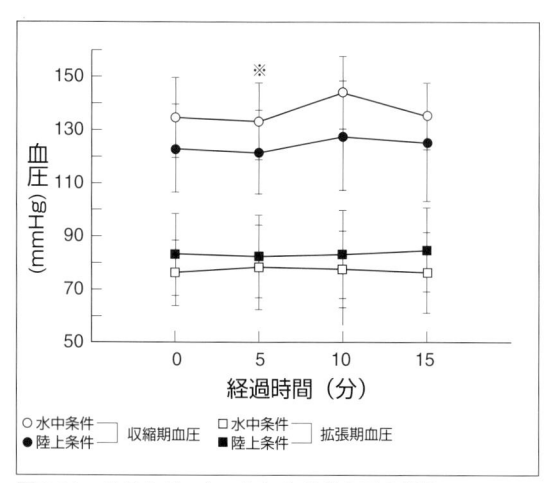

図3-21　リラクゼーションにおける血圧の変化

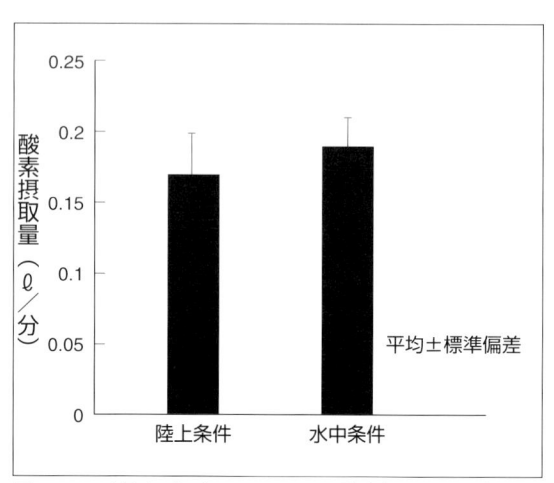

図3-22　リラクゼーションにおける酸素摂取量の比較

2 プログラム

リラクゼーションを目的とした主なプログラムを紹介する。

①補助者のついた水中リラクゼーション［No.79, 80］
②浮き具を用いた水中リラクゼーション（写真3-2）［No.81］
③浮き具とコースロープを利用した水中リラクゼーション（写真3-3）
④背浮きのリラクゼーション
⑤立位姿勢での水中リラクゼーション［No.82］

いずれのプログラムにおいても静かな音楽を用いるとさらに効果的である。

3 留意点

水中リラクゼーションは，安心感を持つことによって緊張がほぐれストレスの解放に結びつくプログラムである。したがって浮き具が身体にきちんと付いていること，呼吸が確保できる位置にあること等に留意したい。また，できるだけ静かでしかも明るい環境を作ること，そして，水温と室温の差が大きくないこと等に留意したい。

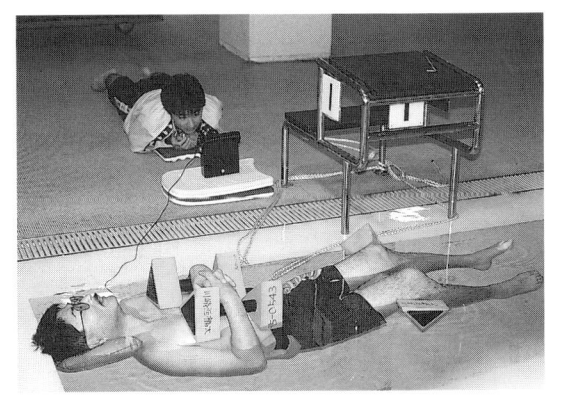

写真3-1　水中リラクゼーションの測定の様子

写真3-2　浮き具を用いた水中リラクゼーション

写真3-3　浮き具とコースロープを用いた水中リラクゼーション

Q&A

Q3：コンタクトレンズを利用していますが，毎回の装着脱を考えると面倒でアクアフィットネスを始める決心がつきません。何かよい方法はないでしょうか？

A：アクアフィットネスでは，頭部を水面上に出して行う運動内容が中心でさほど激しい運動ではないのでコンタクトレンズを装着したままでもできます。もし，頭部を水中に入れる場合でも，ゴーグルを使えばコンタクトレンズを外す必要はありません。普段眼鏡を使っている人は，度付きゴーグルが市販されているのでそれを活用すればよいでしょう。

Q4：泳げなくてもできそうなので興味があります。でも水が怖いのですが，どうしたらよいでしょうか？

A：アクアフィットネスでは，多くの場合水深が腰から胸の深さで行います。また，プールサイドを持ったり，浮具を活用したり，両足を前後，左右に開いて体を安定させて行う運動が中心です。水泳学習の初期にも「水慣れ」段階がありますが，正に「水慣れ」に適した運動がたくさんあります。泳げるようになるためにも，アクアフィットネスを楽しんでみませんか。

Q5：のぼせると鼻血を出すことがあります。その時の手当はどのようにすればよいでしょうか？

A：まず片手で鼻口をつまみ水から出ます。ベンチ等に腰掛け，片手で鼻口をつまんだまま顎を引いてうつ向きます。この時，両目の間（鼻の付け根）に水に浸したガーゼ等を当て，5分間程度安静にします。鼻血が止まったら，水道水で手や顔についた血液を洗い流し，その日の運動は休んで下さい。

第4章 対象者に応じたアクアフィットネス

AQUAFITNESS

1 子供のアクアフィットネス

1 発達特性

それぞれの子供の，身長や体重などの形態的な発育の程度や水慣れの程度，さらには動作の発達段階や寒さへの対応能力に合わせてプログラムを選ばなければならない。シャワーをいやがる子でも，水深が浅ければ喜んで水に入れることもある。遊んでいるうちに顔に水がかかっても平気になってしまう子もいるが，目と口が一緒に水に浸かろうとするといやがることもある。そのような時には，水泳ではなく，水中遊びが最適である。

水中では足運びが思うようにいかないために，自然と前へつんのめるように倒れかかるが，このときに息こらえを習得する子もいる。身体が水の抵抗のためにゆっくりと倒れることで，息を止めるタイミングがつかめるのであろう。水が熱を奪い取るために，産熱機能が必要となるが，このことが子供にとっては大きな負担になる。水温が32℃あっても，エネルギーの消耗はかなり激しいので，早めに休憩をとることが望ましい。

平衡感覚の発達にも配慮が必要である。仰向けになると耳に水が入って不安なために，背浮き姿勢をいやがる子も多い。背中に手やキック板を入れてやり，顔を覗くように見ながら目を開いたまま支えてやると，恐怖心が減り肩の力が抜けて背浮き姿勢がとれるようになる。ここまでできるようになると，リラクゼーションも可能になる。

1）水深

プールの水深調節ができるような可動床型の施設であれば理想的であるが，子供達の発達段階と水深とを併せて考えなければならない。海辺であれば砂浜の適切な深さのところを選び，プールであれば水深調節用の台などで工夫すると，呼吸の確保などの安全面でも望ましい環境が得られる。

2）水温と気温

つぎに配慮したいのは，水温との関係である。身体からの熱の喪失によるエネルギーの消費が大きく影響する。水温が30℃あっても，身体の上半身が空気と触れていれば，水しぶきなどにより水泳として泳ぐよりも熱の喪失は大きくなるので，気温が30℃以上あっても，15分から20分くらいで体調のチェックや排尿などのために休憩をとることが必要である。屋外プールや自然の中で行う場合は，それに風や日射の影響も加味する必要がある。

2 実践（幼児，小学生，喘息児）

1）乳幼児

ベビースイミングは，その起源から考えると安全のための対策であるので，ここでいうアクアフィットネスとは言い難い。しかし，近年のベビースイミングは，起源から離れて子供達と親のアクアフィットネスという側面が増してきている。この場合は，必ず親と一緒なので，子供の身長では

なく，親が子供を遊ばせてやるのに動き易い80〜100cm程度の水深が使い易い。6ヶ月から1歳くらいまでは，水に顔が浸かったときに呼吸が止まる止息反射が働き，水を飲むことは少ないが，それ以降ではこの止息反射が消滅して機能しないこともあるので，誤飲に気をつけなければならない。子供により，反射が消滅する時期が異なるので，注意が必要である。

自分の意志をはっきり表明できるようになると，恐怖感を感じることに対してだけではなく，不快感を感じることに対しても拒絶反応を示す。洗髪をするときに，目に水やシャンプー液が入るような経験があると，シャワーそのものをいやがるようになる。一度いやがったからといって，いつまでも避けているとなかなかシャワーを利用できないままになってしまう。36〜38℃くらいの，冷たくも熱くもないぬるま湯程度の温度で，目を閉じてシャワーをくぐるようなことから試すことで，水が顔にかかることを慣らして行くと，水の中で遊ぶことのきっかけにもつながる。子供の直前にボールが着水して水しぶきが顔にかかるような遊びも，このような子供には有効である。

水面すれすれの位置に顔がくるようなワニ歩き（手をプールの底に着けて手で歩く動作や）や，親が手を引いて引っ張ってやるような遊びから始めて，浮力を自然と感じさせたり，足が底に着いていない状態を経験させることが重要である。ライフベストのように十分な浮力が得られる補助具を利用して，水面に浮いていられると，子供も安心感を持って遊べるので，鬼ごっこや宝拾いなどを喜ぶようになる。水中において自力で移動ができるようになると，すべての動作がアクアフィットネスということになる。顔をつけて浮くことがおもしろくできるようになると，足にかかる水の抵抗がまどろっこしく感じて，泳ぎ始めることにもつながりやすい。競泳などの泳ぎ方にこだわらずに遊ばせると，息こらえの時間も徐々に延びて，呼吸機能にもよい影響がみられる。

①ホッピング［No.47］

浮力を十分に利用した，水底から足が離れ，陸上では感じられない浮遊感が子供にとっておもしろい。連続してできるのは，水中運動ならではである。手で水の抵抗感を覚えるチャンスにもなる。幼児などが背の立たない深いプールなら，大人の膝を足場にしてのせてやり，両手を持ってやりながらジャンプをさせてやることもできる。

②親子でメリーゴーラウンド

子供達の間に親や指導者が入って輪を作り，手をつないで回ってやる。少しでも勢いがついたら，子供は足を水面に浮かすようにして，手を引っ張られながら回る。歌を唄いながら行えば，一体感がより強くなり，水に対する子供の恐怖感も薄れる。

③ワニ歩き

水底に手を着いて，水面から顔が出るくらいの水深が設定できれば，体全体が水からの浮力を受けることができるので，手だけで体を支えることができる。水面すれすれに口があることで，呼吸調節を身につけられる。

④大股歩き（レンジ・ウォーキング）［No.24］

水中を歩くとき，子供は顔に水がかかるのがいやなので，つま先立ちになったちょこちょこ歩きになりがちである。そこで，ゆっくり大きく手を振るように水の中で動かし，足もできるだけ大股に歩くことで，しっかり水底に足が着けられるようにする。躯幹部分にかかる水からの抵抗に負け

ずに，しっかりと歩くことを狙いとする。
④水しぶき作り
　手を広げ，体を回転させて，水面を切るようにして，水しぶきをできるだけたくさんあげさせるように指示する。水面をたたくようにすれば，音も出て楽しめる。

2）小学生
　ある程度泳げるようになった子供達は，より速い移動が可能な泳ぎに興味を感じることが多くなる。無理矢理泳ぎから引き戻す必要はないが，水泳とアクアフィットネスの周辺の，型にはまらないような動作にも子供達の興味を引くものがある。息こらえの時間や平衡感覚といった基本的な生理的な機能向上に役立つほか，限界を少しでも広げようとする目的意識や，チャレンジ精神などの心理的な成長の効果も期待できる。持久力や筋力の向上は，この時期にあまり期待しない方がよい。
①水中での前方回転
　浮力をうまく利用すると，陸上（空中）では難しかったり危険な回転動作が，ゆっくり味わえたり連続してできる。前回りは，息の続く限り何回も連続することができる。回転中にひねりを入れたり，フープや，大人や友達の足の間をくぐるようにすることで，具体的な目的がつかめておもしろさを増すことができる。回数を数えたり，時間をめどに競争しながら，より高い目標へと能力を増すことになる。
②水中での後方回転
　後方回転は，鼻から水が入ったり回転軸がとりにくいために，前転よりは難しい。最初は鼻をつまんで回り，慣れてくると鼻からの呼気や鼻への圧を調節してうまくできるようになる。前転で期待できる平衡感覚の効果のほか，躯幹部の柔軟性などにも効果が期待できる。
③イルカ跳び
　イルカが水面を泳ぎながらジャンプするように，背中を少し丸めて両手を前に伸ばし，水底を蹴って逆飛び込みのように水面からサインカーブを描き，推進力がある間に身体を反らせてゆっくり立ち上がる。浅いプールであれば，身体を反らせるときにプールの底に両手を着いて勢いをもらってから，身体を反らせながら浮き上がる（P-44，図3-18）。
④逆立ち
　浅いプールでも深くても，息をこらえて水底に両手をついて逆立ちをする。回りの水が躯幹部や脚を支える役目をするので，陸上よりも倒れてしまう不安がなく，息が苦しくなるまで続けられる。

3）喘息児
　発作を誘発することを恐れて運動を避けてしまう喘息児にとって，埃が少なく湿度が高い環境の中でできる運動は，気管支などの呼吸器系にとって有利なだけではなく，心理的にも好条件である。やや心拍数の高くなる，水中でのジョギングやエアロビクスは，アドレナリンのような体内調節物質の分泌を促すため，喘息児にとっては都合がよい。また，皮膚からの冷感刺激や水との接触刺激は，体温調節機能の調節能力を高めるのにもおおいに役立つのである。

　さらに，水に入る前の準備運動だけではなく，水中に入ってからも徐々に心拍数を上げるようにプログラムを進め，運動を終了するときは，激しい動きから急に止めてしまうのではなく，整理運動に向けて徐々に強度の低い運動を経由しながら

終了するのが好ましい。

　運動中の呼吸は，吸気よりも呼気に意識を置きながら，腹式呼吸に近づけるように指導する。呼吸の時間配分も，呼気時間を長めにとるのがよい。そのためには，水の中に向かって息を吐くと，水圧が加わり調節しやすい。

　実際の動作は，健常児の動作と特に異なった動きにする必要はない。これまで，運動を避けてきた子供達には，神経系の調整力を働かせるような動作が勧められる。しばしば発作を経験してきた子供は，胸郭の変形や異常という症状を呈していることもあるので，胸部のストレッチングやリラクゼーションを多めにといった配慮が望ましい。

①ボールを吹きながら

　卓球のボールを浮かせて，口から息を吹き出してボールを遠くへ飛ばそうとする。あるいは，ゆっくり長く吹き続けて確実に前へ進める。ビート板を浮かせて，その周りを一周させるのもよい。

②胸郭ストレッチング（マエ・ウエスト）
[No.27]

　両手を大きく広げて，手のひらや甲で水を背中の方へ集めるようにして，胸を広げる。手を前へ返すときは，たくさん水を集めてそのまま遠くへゆっくり水を押してやれば，掌で水をつかむ練習にもつながる。

③羽ばたきながら歩こう（ダブルボード・プレス）[No.94]

　両方の手のひらの下にビート板を押さえて，肩が上下するように両腕を鳥の翼にみたてて，羽を羽ばたかせながら上体を上下させながら歩く。

3　留意点

①　大人が行うように，プールサイドにいるインストラクターの動作に合わせて，水面下の足の動作と手の動作を含んだアクアビクスを子供達にやらせると，手の動作だけを真似して足の動作まではついてこられない場合もしばしば見られる。

②　熱の喪失に対して，唇の色が青く変わるなどの症状を見落とさないように注意することが大切である。個人差や，同じ子供であってもそのときのコンディションによって反応が異なることを忘れてはいけない。

③　排尿の訴えをうまくできないこともあるので，定期的に時間を設定する必要がある。

④　冬季の室内プールの利用後など，湯冷めのような，外気温の変化に追いつかずに体温調節に不調をきたすことがあるので，髪の毛をよく乾燥させて，帰宅時に帽子をかぶるなどの対策をあらかじめ情報として伝えておくとよい。

⑤　喘息児では，運動直後だけでなく，遅延発作（レイト・レスポンス）が生じる可能性もあるので，ピークフローの測定など十分に注意し，もしもの時に備えを怠らない。

> **One point**
> 　陸上のエアロビクスでは，ジャンプ系の着地による膝や足首への負担が気になるが，水中で両手を広げて手のひらを下に向けて浮力をうまく利用すると，衝撃を受けずに着地することができる。

2 女性のアクアフィットネス

　女性の身体的な調節は，男性と比べると，ホルモンによってより複雑に様々に行われるという点を，明らかな特徴として捉えることができる。もちろん，子どもを出産するという働きと関わることに由来している。そこで，ウェイトコントロールのためのプログラムや，月経中，妊娠中のアクアフィットネスなどについて紹介する。

1　ウェイトコントロールのための運動

1) 身体的な特性

　女性の身体特性の一つとして，筋の割合が男性の約64%と少なく，脂肪量が男性の約1.5倍多いことが上げられる。その理由は，思春期以降に女性ホルモンの分泌が活発になるからである。これは，女性が妊娠・出産という生物学的な役割を果たすためであり，特に胸や骨盤の周囲を中心に皮下脂肪の量が増え，女性らしい丸みを帯びた体形になる。脂肪が多いと水の中では浮力がより多く得られる。身体組織の中で最も比重が大きいのは骨の2.01であり，最も小さいのは脂肪の0.94である。したがって，ある程度脂肪がついているほうが浮きやすいということになる。そのため，水中の運動は腰や膝に対する重力から受ける衝撃が少なく，関節のけがが少ない。

　以上のことから，アクアフィットネスは特に肥満の人や妊婦に適した運動であるといえよう。一方，重力の影響が少なくなるために，骨量や骨密度を高める効果がないとする医学書も見られるが，アリゾナ大学のハインリヒ博士らが閉経前の女性の骨量を調査した結果では，普段水泳を行っている者は運動を行っていない者に対しては勿論のこと，ランニングを行っている者に対しても骨量が上回っていた。つまり重力の影響を受けなくても，水の抵抗が筋肉の収縮を生み，その筋肉に引っ張られる骨はかなり強い刺激を受けていることが考えられる。

　体内に蓄えられた脂肪は，ゆっくり長く動く時にエネルギー源として使われる。身体を動かす時に使われるエネルギー源は，運動の強度により異なってくる。例えば，速く走った際のエネルギー源は主に，体内の脂肪ではなく，まず糖質等が使われる。やせるために運動を行う場合は，運動強度の高い運動を行うのではなく，水中をゆっくりと長く歩くような運動（20分以上）を行うとよい。さらに，水中では熱の伝導率も高いため，多くのエネルギーを熱として消費することができる。以上のことから，肥満の人がウェイトコントロールするにはアクアフィットネスは非常に適した運動と言える。

2) 実践

　アクアフィットネスのねらいは，水の楽しさに触れながら健康の維持増進を図ることである。ウェイトコントロールを目指して行う場合の実践内容は，有酸素運動が中心となる。そのため，運動強度が強過ぎないように注意すべきである。また，月経に伴う症状を軽減するためにアクアフィット

ネスを行う場合，症状が変わらない時や強い時には子宮筋腫，子宮内膜症などの疾患について，その有無を確認することも重要である。肥満や月経中の者が楽しくできるアクアフィットネスの主なプログラム内容は以下を参考に構成するとよい。

例えば，ウォームアップ→エアロビック運動→レジスタンストレーニング→ゲーム→クールダウンの順序で行うとよい。

① ウォームアップ

どのような運動を始める場合でも，血液の循環をよくし，筋肉の動きをスムーズにすることや心理的な準備の意味を含めてウォームアップを忘れずに行うことが必要である。これから行おうとする運動に関わる部位や，似た形態の運動をゆっくり始めることなどが有効である。つかまるところがあるとか，床が柔らかいことやマットが使えること，さらに温度や湿度が快適であることが配慮されるとよい。

a──ストレッチング

目的：運動を効果的に安全に行うために筋肉の伸縮性を高める。

注意：弾みをつけずに心地よく感じるくらいまでゆっくりと伸ばす。ストレッチを行っている間，呼吸は止めず，呼気に重点を置いてゆっくりと続ける。

（ア）体側の筋肉や腱を丁寧にのばす［No.17］
（イ）首の周囲を動かし易くする［No.30，31］
（ウ）股関節，脚，足などのウォームアップとして［No.61～70］
（エ）肩関節の周囲の筋肉群に対するストレッチング［No.75～78］

（オ）足を水底から浮かして，上半身の水平姿勢に慣れる［No.79～81］

b──水中歩行

目的：ストレッチングで多少柔らかくなった筋肉を動かして，筋肉を暖めたり，呼吸・循環器系や神経系の本運動への準備性を高める。

注意：簡単で，軽く行えるような歩行を選定して行う。［No.18～21］

② エアロビック運動

目的：心肺機能の改善と心肺持久力の向上を図る。

注意：適度な運動強度で行う（心拍数で適宜チェックする）。［No.38～52］

③ レジスタンストレーニング

目的：筋力の維持・増進

a──上半身のためのトレーニング

（ア）アジテーター（肩，腕，体幹部のトレーニング）［No.4］

両足を肩幅に開き，肩の深さまで水中に入って立つ。両腕はまっすぐ伸ばし，それぞれ体側から45°に開く。その際，手のひらは指を揃えて正面に向ける。腰から下は動かさず，上半身を左右交互にひねる。両腕はスタート姿勢に固定させておく。この運動を1～2分行う。

（イ）アームリフト・アンド・プレス（腕，肩，胸のトレーニング）［No.29，94～97］

両足を肩幅に開き，肩の深さまで水中に入って立つ。身体の正面に両腕を伸ばし，両手のひらを下向きにして重ねる。腕に力を入れ，手のひらで下方に水を押す。その際に上体が前に傾かないよう注意する。その後同じように力を入れて，手の

甲で水を上方へ押し上げながらもとの位置に戻す。この練習のバリエーションとして，腕の振幅の幅を小さくして運動の速さを増して行ったり，両手を背中の後方で重ねて同じ動作を行ったりするとよい。

(ウ) プッシュ・オフ（胸部，肩，腕のトレーニング）[No.56]

　肩の深さまで水中に入り，プールサイドに向かって立つ。両足を揃え，つま先を壁に着ける。両手でプールサイドをつかみ，肘を横に張る。この姿勢から腕を伸ばして身体を壁から離し，身体全体を一直線にする。つぎに腕を曲げてスタート姿勢に身体を引き戻す。この動作を2拍子で行う（1〜2分）。

b——下半身のためのトレーニング

(ア) ペンデュラン（脚，股関節，殿部，腹部のトレーニング）[No.14]

　体側がプール壁に向くように立つ。腕を伸ばしてプール壁を押さえ，体を安定させる。
　壁と反対側の足をまっすぐ伸ばして前方へ振り出し，できるだけ上方へ振り上げる。
　その後，股関節を中心に前方から後方へ脚を振る。その際，動作のはじめから終わりまで均等に力を加えるようにする。この動作を8〜12回繰り返す。つぎに体の向きを変えて反対側の脚で行う。この練習のバリエーションとして前後の脚の振幅を半分にして動作を速くして行うとよい。

(イ) プリエ（脚，鼠径部のためのトレーニング）

　腰の深さまで水中に入り，腰に手を当てて立つ。両足のかかとを水底に着けて，つま先を45°の方向に開く。この姿勢から30cm程度，または膝が直角に曲がるまで垂直に腰を落とす。つぎに，膝を伸ばしてスタート姿勢に戻る。膝を曲げる際に

頭が水中に沈むようなら，もう少し浅い場所で行う。この動作を10〜16回行う。

(ウ) シザーズ・クロス（腰部，大腿のためのトレーニング）[No.108]

　後頭部をプールサイドに置き，体を仰向けの姿勢で浮かせる。両手でプールサイドをつかみ，体をプールサイドに固定させる。両足は揃えてまっすぐ伸ばす。この姿勢から膝を曲げないようにして，左右同時にできるだけ大きく両脚を開く。つぎに，できるだけ大きく脚を交叉させるようにして同時に両脚を閉じる。もう1度脚を開く。つぎに脚を閉じる時には両脚を逆交叉させる。この動作を12〜20回行う。この練習のバリエーションとして，両脚を開く角度を半分にして動作を速くして行うとよい。

④ ゲーム

　目的：ゲームを通してトレーニング効果をあげたり，心身のリフレッシュを図る。

(ア) 汽車ぽっぽ競争

　5〜7名程度を1組にして，縦1列に並ぶ。その際両手は前にいる人の肩の上におく。プールを1往復して競争させるが，先頭の者が反対側のプールサイドに着いたら，全員回れ右をさせて，列の最後部の者が先頭になって帰る。

(イ) 手つなぎ鬼

　2〜3人1組の鬼を2〜3組決め，手をつながせる。鬼以外の者はプール全体のどこを逃げても良い。ただし，鬼に身体の一部をタッチされた場合はその者も鬼となり，元の鬼と手をつなぐ。最後まで逃げられた者が優勝者である。

(ウ) パスゲーム

　水球ボールを使って行う。6〜10名程度を1

チームとして，先攻，後攻を決める。

　先攻チームは後攻チームにボールを取られないようにしながらパスをし合う。ただし，パスをもらった相手に直ちにパスを返してはいけない。パスを4～6回続けてできたら，1得点とする。途中でボールを奪われたら，攻守を交代する。先に5～10点得点したチームを勝ちとする。

⑤**クールダウン**

　目的：疲労回復と心身の緊張を取り除く。
（ア）　1～2分間の水中歩行
（イ）　アクアフィットネスで使用した身体部位のストレッチング

3）留意点

①特に下記のような状況の時は思い切って休むこと。
- ●睡眠不足の時
- ●疲労を強く感じる時
- ●二日酔いの時
- ●風邪等身体が不調の時
- ●空腹時または満腹時

②肥満解消のためにアクアフィットネスを行う場合，運動が強すぎないよう注意する。

目安とする運動中の心拍数＝
〔{(220－年齢－安静時の心拍数)×(0.5～0.7)}＋安静時の心拍数〕－10

　以上の範囲の心拍数で，休憩を挟みながら20～40分程度を週3回程度行うとよい。
③運動直後に空腹感があったとしても，あまり多くの飲食をしない。特に肥満解消のためにアクアフィットネスを行う場合，直後に飲食をするとアクアフィットネスで消費したカロリー以上のカロリーを摂取しがちになる。カロリーの少ない水分の補給程度にしておきたい。

2　月経中のアクアフィットネス

1）月経中のアクアフィットネスの特性

　かつて女性が月経中に運動することについては，科学的な報告等がなかったためほとんどの場合禁止されることが多かった。しかし，現在では様々な研究により正しい対処法がわかってきた。

　月経中にアクアフィットネスを行う場合，最も心配されるのは感染の問題である。しかしこれまでの研究によると，プールは勿論のことお風呂に入った際にも外の水は腟内に入らないことが明らかになっている。そのため月経中にアクアフィットネスを行ったからといって感染の心配はなく，不必要に不安を抱くこともない。また，逆に月経血や分泌物によりプールの水の汚染が心配されるが，タンポンの利用等適切な処置とシャワーを十分浴びることによってほとんど問題にならないとされている。

　つぎに，月経に伴う症状（下腹部痛，腰痛，吐き気，頭痛，イライラ等の月経困難症）とアクアフィットネスの関係についても，血液の循環が改善されることによって，そうした症状を和らげるだけでなく，むしろ予防にもなることが指摘されている。したがって，月経中にアクアフィットネスを行うことで様々な症状の好転が期待できる。

2）実践

　基本的には，月経中のアクアフィットネスの実践プログラムは，痛みの程度に応じて調節できる

ことが大切である。特に，腹部の動きや下肢の動きを伴うときに，運動の強さや長さを控えめにしながら実践する。強さを控えるためには，ジャンプの高さを低くする，歩幅を短めにすることや，持ち上げる足の高さを低めに押さえることにし，繰り返しの回数を少なくすることである。さらに，ホルモンの影響で筋力は低下していることが予想されるので，レジスタンストレーニングを控えたり，より低めの強度で行うのがよい。

① ウォームアップ
a──ストレッチング
（ア）体側の筋肉や腱を丁寧に伸ばす［No.17］
（イ）首の周囲を動かしやすくする［No.30, 31］
（ウ）股関節，脚，足などのウォームアップとして［No.61〜70］
（エ）肩関節の周囲の筋肉群に対するストレッチング［No.75〜78］
（オ）足を水底から浮かして，上半身の水平姿勢に慣れる［No.79〜81］
b──水中歩行
　［No.18〜21］

② エアロビック運動
　［No.38〜52］

③ レジスタンストレーニング
a──上半身のためのトレーニング
（ア）アジテーター（肩，腕，体幹部のトレーニング）［No.4］
（イ）アームリフト・アンド・プレス（腕，肩，胸のトレーニング）［No.29, 94〜97］
（ウ）プッシュ・オフ（胸部，肩，腕のトレーニング）［No.56］
b──下半身のためのトレーニング
（ア）ペンデュラン（脚，股関節，殿部，腹部のトレーニング）［No.14］
（イ）シザーズ・クロス（腰部，大腿のためのトレーニング）［No.108］

④ クールダウン
　目的：疲労回復と心身の緊張を取り除く。
（ア）　1〜2分間の水中歩行
（イ）　アクアフィットネスで使用した身体部位のストレッチング

3）留意点

① 　月経には個人差があり，中には出血量が多かったり，下腹部痛が強いために通常の生活に支障をきたす人も見受けられる。その場合には無理にアクアフィットネスを行わず，休むことも必要となる。
② 　月経中，出血量が多いときには，タンポン等の使用によってアクアフィットネスを行うことはできるが，その説明程度にとどめて参加は本人の意志に委ねるとよい。
③ 　月経中は，貧血を引き起こすこともあるので，アクアフィットネス運動が過度にならないようにする。
④ 　月経の時期は，個人によって異なるので，参加者が一緒になって行うゲーム的な要素のプログラムは，控えたほうが良い場合が多い。

3　妊娠中のアクアフィットネス

1) 妊娠中のアクアフィットネスの特性

以前は，妊婦が運動を行うことは妊婦自身や胎児に悪影響をおよぼすのではないかということで禁止されていた。しかし，異常な症状がなければまったく運動を行わないと，足腰がうっ血してだるくなったり，腰の筋肉に対する負担が増えて腰痛になったり，さらには体重が増えすぎ妊娠中毒症を引き起こす場合もある。そこで，現在ではむしろ妊婦にもその時期に適した運動が必要とされている。中でも，アクアフィットネスは妊婦に対して適した点がいくつかあげられている。

まず第1に，水中では浮力の影響により身体の支えが軽減されるため，妊婦も比較的楽に動くことができる。また運動による衝撃も小さいため，安全に行うことができる。第2に，水圧により特に静脈血の血行が促され，妊婦に起こりやすい痔や静脈瘤などの症状を防いだり，和らげたりする。第3に，体を浮かせることにより筋肉の緊張も取れ，腰痛などの痛みが軽減される。第4に，アクアフィットネスを行うことにより水中での呼吸の仕方や身体の力を抜いてリラックスすることが覚えられ，ひいてはこれが出産時の呼吸法やいきみ，さらにリラクゼーションに役立ち安産につながる。

このように妊婦がアクアフィットネスを行うことにより運動不足を解消し，妊娠中を快適に過ごすことができる。

2) 実践

妊婦がアクアフィットネスを行うねらいは，浮力により脚・腰にかかる負担が軽減されることを利用して妊娠中の運動不足を解消したり，出産時のリラクゼーションや呼吸法を練習することである。内容については留意点に注意しながら，下記のように，

　　ウォームアップ→ウォーキング→水中座禅→リラクゼーション→クールダウン

の順序で行うとよい。

① ウォームアップ
（ア）ストレッチング

目的：運動を効果的に安全に行うために筋肉の伸縮性を高めること。

注意：弾みをつけずに心地よく感じるくらいまでゆっくりと伸ばす。ストレッチを行っている間，呼吸は止めずにゆっくりと行う。

[No.17，67，70，78]

② ウォーキング

足もとが滑らないように，プールサイドやコースロープ等に手をそえながら行うとよい。

[No.18～22]

③ 水中座禅

分娩時のいきみのための息こらえの練習として行う。二人組になり一人があぐらをかいた状態で水中に座り，もう一人が浮き上がらないように肩を押さえる。1回のもぐる時間は1分を限度とし，回数は3回を限度とする。

④ リラクゼーション

身体を水面に浮かべて，リラクゼーションを行うと共に，ラマーズ法の呼吸の練習を行う。また，パートナーに頭部や足先を持ってもらい，引っ張

られることによって体のきしみの改善やリラクゼーションを深く味わうことができる。[No.81, 82, 84]

⑤ クールダウン
目的：疲労回復と心身の緊張を取り除く。
（ア）アクアフィットネスで使用した身体部位のストレッチング
（イ）整理運動

3）留意点

妊婦がアクアフィットネスを行う場合，自由気ままにできるわけではない。安全に行うためにもつぎの点に配慮しなければならない。

① 婦人科医の指導，協力が得られること。
② 妊娠5〜8ヶ月（医師の監視があれば9, 10ヶ月を含む）であること。
③ 母子健康手帳に注意書き（安静，食事注意など）がないこと。
④ 流産，早産の経験やそれらを起こしやすい病気のないこと。
⑤ 水温，室温とも30℃以上とし，室温がやや高め（3℃程度）の水泳条件がよい。
⑥ 実施する前後に体調（体重・血圧・脈拍・体温等）をチェックすること。
⑦ 水中に入った時にそれまで感じていたおなかや背中の緊張感や痛みが取れること。
⑧ 取れない場合はアクアフィットネスを控える。
⑨ 家族，友人等の付き添いがあること。
⑩ 緊急時に備え，病院との連絡や救急体制がとれていること。

以上の点に注意して，1日おきに週3回20〜40分程度のアクアフィットネスを行うのが理想的である。

実施前後には必ず準備運動・整理運動を行い，プールサイドでは転ばないよう注意する。また，競争して泳いだり，スタート，ターンなどは行わない。運動中に違和感などを感じたときは，無理はせず，とりあえず運動を中止して様子を見ることが大切である。

【参考文献】
1) J.A.クラセベック，D.C.グライムズ著，柴田義晴，神戸周監訳「楽しいウォーターエクササイズ」大修館書店，1993
2) 加賀谷淳子編「女性とスポーツ」朝倉書店，1998
3) 越野立夫，武藤芳照，定本朋子編「女性のスポーツ医学」南江堂，1996
4) 宮下充正，武藤芳照編「水泳療法の理論と実際」金原出版社，1983

3 中・高年者のアクアフィットネス

1 身体的特性

　生あるものには老いがあり，それはだれもが避けられない現実である。このような機能の低下，体力の衰えには「水環境：アクアフィットネス」が最適である。つまり，水中では浮力や水圧により重力を調節できるからである。適度な重力からの解放は生理的な反応や最適な筋活動が可能となり，健康状態を維持・改善することが容易となる。

　中・高齢者の身体的特性としては，加齢による身体機能の低下現象が見られるようになる。しかし，運動を実践することは，諸機能の低下に伴う体力の衰えを予防したり，精神的ストレスを解消するだけでなく，虚血性心疾患，高血圧，糖尿病，肥満，腰背痛などの運動不足病を予防したりするのに役立ち，それによって加齢による身体機能の低下速度を遅らせたり，緩やかにすることは可能である。図4-1は，中高年者の体力の衰えがいろいろな臓器や組織の機能低下によって起こることを示したものである。

　図4-2は，加齢に伴う臓器重量の相対的変化を示したものであるが，運動習慣でこうした生理的機能の低下を改善することが可能である。運動機能の生理的応答は，自律神経系の反応に顕著に現れ，運動習慣のある人とない人では大きな違いがある。すなわち，血液中に分泌されるホルモンによる調節，心拍数，血圧等に違いが顕著に現れる。

　もし，運動機能が低下している人に運動を行わせる場合，例えば陸上でのジョギングなどを急激に行わせると危険な場合も考えられるが，アクアフィットネスならば安全に行える場合もある。ただし，水温，室温，水深などに留意した安全対策が必要である。

　ところで，老化は足からやってくるといわれ，歩くことは最も効果的な老化防止法であると言われている。人間の下肢には，全身の筋肉の約2／3が集中しており，重さは片足で体重の1／6の重さ（体重60kgの人で10kg）があるが，水中ではこの重さが浮力によって無重力状態にまで軽く

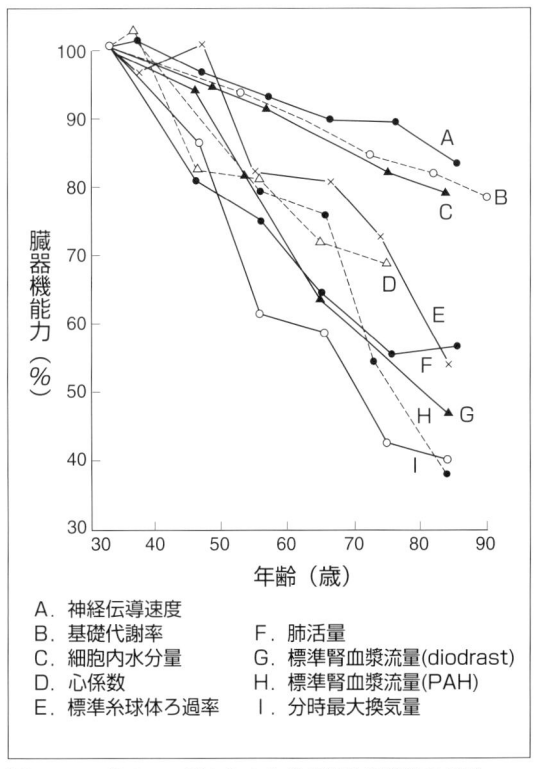

A. 神経伝導速度
B. 基礎代謝率
C. 細胞内水分量
D. 心係数
E. 標準糸球体ろ過率
F. 肺活量
G. 標準腎血漿流量(diodrast)
H. 標準腎血漿流量(PAH)
I. 分時最大換気量

図4-1　30歳を100％としたときの諸生理機能の推移

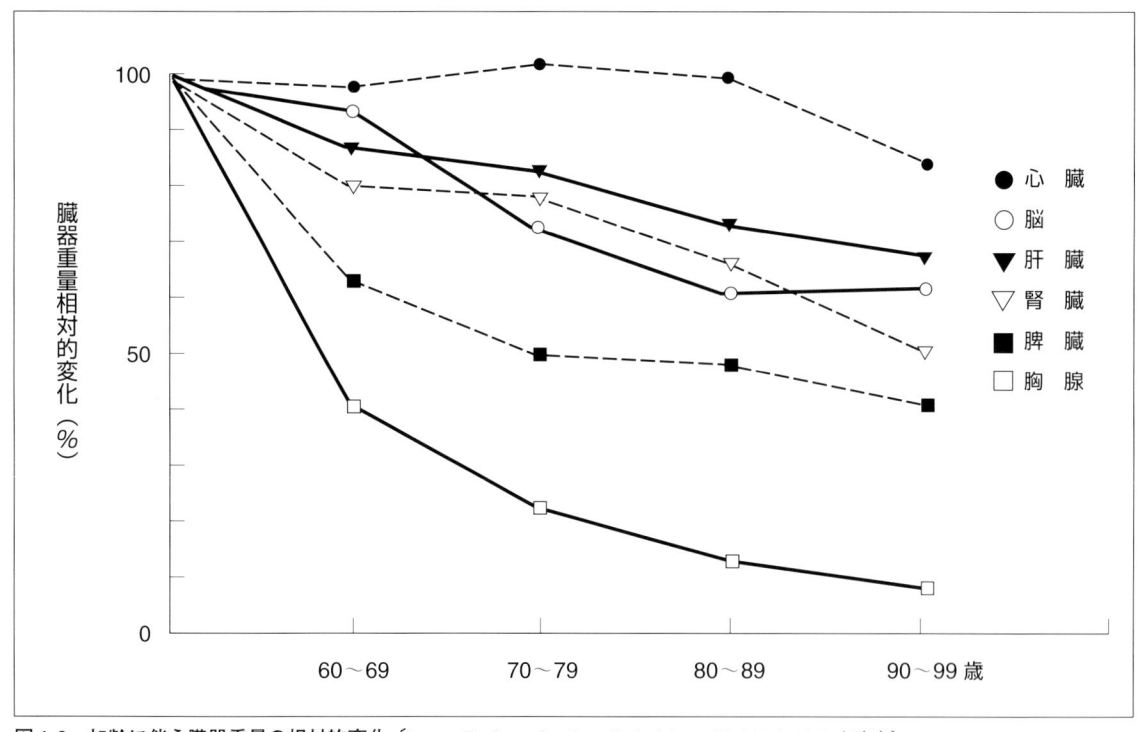

図4-2　加齢に伴う臓器重量の相対的変化〔Inoue, T., Otsu, S., Acta Pathol.Jpn., 37. 343 (1987) を改変〕

なる。脚の筋肉は，肩，腕，背中等の上半身の筋肉に比べて早く衰えるのである。1日寝たきりの生活をしていると約3％の筋力低下がみられ，一週間では20～30％の筋力低下がみられると言われている。逆に考えれば，歩くことによって老化防止ができることを意味している。足腰が丈夫で，階段の昇り降りができれば，自然に姿勢もよくなり，肉体的な若さが保て，精神的にも若さを保ち，自分の意志で行きたいところはどこにでも行けるようになる。

また，脚の筋肉は，ポンプの役割（ミルキングアクション）を果たし，血液の流れ（静脈血の還流）を促すが，水中では水圧が加わってさらに静脈血環流の手助けをする。その結果，脚の浮腫が解消されて脚や体のだるさを払拭したり，脳の血液循環もよくなって神経活動も活性化され思考力のアップが期待できる。

このようなことから，運動不足に悩んでいる人，足腰の筋肉の衰えを感じている人には，身体に無理な負担をかけることなく行える水中での運動が最適である。

2　実践

水中運動の種類は数多くあるが，水中ウォーキングを実践するには1種目を3分間歩き，最終的には10種目を30分間かけて歩くことを薦めたい。種目の選択に当たっては，日常生活においてあまり活用しない筋肉を動かすような種目を選ぶとよい。

姿勢は背すじを伸ばし真っ直ぐに立つ。肩の力はぬき，腰を曲げずに，視線を3～5m前方に向

け，ややあごを引くようにして歩く．後ろに歩くときは，つま先から足のうら，かかとの順に体重をかけていく．呼吸は止めずに呼気を意識するように歩く．歩幅は，水深や歩き方によって変わるが，陸上歩行よりやや広めにする．しかし，歩幅を広くし過ぎるとかえって腰痛を引き起こすので注意が必要である．

歩幅を大きく取るときは，進行方向の水と接する身体の全ての面で，ゆっくりと体重を預けるようにして，水に身体を受け止めてもらうと，腰痛を予防することができる．歩行速度も，水深や歩き方によって変わるが，ウォーキングでは0.5m〜0.7m／秒にし，会話ができる程度の速さで歩く．

歩行時間は，30分〜45分を目安として，一種目を3分程度行い，10種目〜12種目をプログラムするとよい．

①ウォームアップ
（ア）ウォーキング［No.18］
自然体で散歩をするときのように力まずにゆっくり歩く．

（イ）サイド・ステッピングⅠ［No.21］
足を横に開いたり閉じたりして歩行する股関節の外転・内転運動である．中殿筋，大殿筋を主に働かせる運動で，歩行の応用動作（階段昇降，障害物をまたぐ，よけるなど）となる．つま先は身体の前向きにし，進行方向には向けずに歩く．

（ウ）サイド・ステッピングⅡ
足を横に開いたり閉じたりして歩く股関節の外転・内転運動であるが，股関節の外転時に股関節，足関節の外旋を取り入れ，閉じる時に足関節の内旋をさせて歩く．その場で小さな円をを描くようになる．

②メインエクササイズ
（ア）レンジ・ウォーキング［No.24］
歩幅を最大に大きくして歩く．前の足が踵から床に着くとき，後方の足の股関節が十分伸びているのを実感して歩く．肩が水中に入るぐらい大股に歩く．腕も大きく振ってバランスをとりながら歩く．

（イ）スケーター・ウォーキング
両足のかかとが直角になるように立ち，スケートをするように足先から斜め前にすべらせてから，かかとから床に着け，後方の足は足の内側全体でプールの床をしっかりと押す．押しだした足は前足に引きつけながら，動きを止めずに小指側斜め前に滑らせる．

（ウ）マーチング［No.25］
膝をできるだけ高く上げて歩く．上げた膝は腕で抱えるようにして腹部に引きつける．着地はつま先から下ろす．立って体を支えている方の足はひざを伸ばす．

立って体を支えている方の尻を引き締めるように意識するとヒップアップ効果となる．

（エ）クロスオーバー・ステッピング［No.22］
膝は真っ直ぐ前に向けたまま，ウエストくらいまで引き上げ，上半身を上げる足の方向にひねる．ひねった上半身を元に戻してから，引き上げた足を一歩前に踏み出して下ろす．膝を引き上げる動作と体をひねるタイミングを合わせる．左右にひねりながら歩く．両腕は肩に負担がかからないように水面に浮かせるとよい．

（オ）エルボー・タッチング・ニー［No.51］
上体をひねらずに腰から下をひねりながら膝を上げる．手を肩幅に開いて水面上に置き，左肘の

下に右膝が，右肘の下に左膝が触るように歩く。

(カ) バックワード・ウォーキング［No.20］

身体の後方へ動かそうとする方の足は，つま先が床をすりながら後方に移動させ（重心は前方の足にかけたまま），その足の親指が床から離れそうになるところから後方の足に体重を移動する。前方の足は床面を押さえながら引きずるように後方の足に近づける。

(キ) ヒール・ウォーキング［No.19］

つま先を上げ，かかとで歩く。

(ク) トー・ウォーキング［No.18］

かかとをあげ，背伸びをして歩く。

(ケ) ストレート・レッグ・ウォーキング［No.23］

膝を伸ばしたまま歩く。

③ クールダウン

(ア) ウォーキング［No.18］

(イ) サイド・ステッピングⅠ［No.21］

(ウ) サイド・ステッピングⅡ（P.65参照）

3 留意点

水中ウォーキングの際には，第11胸椎の部位まで水に入ると体重の約70％が軽減され，へその部位の水深では体重の50〜60％が軽減されるので，中高年者には過重な負担の少ないへそから第11胸椎までの水深で行わせ，歩きやすくするため，頭部をやや前傾にして重心移動が起こすよう指導するとよい。

水中の運動は，体温の上昇が小さいので，30〜31℃程度の水温で行うと快適である。水中ウォーキングは単調なので，歩き方に変化をもたせて30〜40分間の歩行を楽しく行うことを目標にプログラムを作るとよい。

また，中高年者には，以下に示したような水の特性がもたらす身体的効果について知らせることによって動機づけにもなるので，是非理解しておくとよい。

陸上歩行は，全身の筋活動がなんらかの関与をし，常に重力に対して立位姿勢を保ちながら全身を移動する複雑な動作である。しかし，水中では体が水によって支えられるので，体重を支えるための筋活動が少なくなり，リラックスしたりゆっくりした歩行動作ができる。

水中を歩くことによって生じる抵抗は，造波抵抗，渦流抵抗，粘性抵抗の三種類があり，歩く速度，歩く向きなどにより大きく変わる。流れに沿って歩く，流れに逆らって歩くなど変化を持たせて行うとよい。しかし，腰痛者にとっては前歩きは十二分の注意が必要で，ゆっくりゆっくり歩くことを奨める。特にへその深さでの前歩きは腰痛を増悪させる場合もある。

4 スポーツ選手のアクアフィットネス

1 身体的特性

　スポーツ選手の身体的特性は，それぞれのスポーツ競技の最高水準に達した状態で明瞭に現れる。例えば競泳選手の場合は，推進力の大半を上半身から得るため上半身の発達が顕著となり体形が逆三角形となる。また水泳は，心肺機能が発達し，持久力が向上する。一方マラソンランナーの場合は，水泳と同じく持久力が向上するが，使われる筋肉は下半身が中心のため水泳のように上半身が発達することはなく，全体的にほっそりとした体形になる。

　いずれにせよ各スポーツ種目に共通することは，人体を構成する身体の組織を利用して，それぞれのスポーツ毎に機能を発揮できる最高の能力を競い合うということである。そのため，全身の組織に均等に負荷がかかるのではなく，必ずどこか偏ったところに負荷がかかる。このような状況の中で競技力を高めるためには，長期的なコンディションの調整が重要となり，疲労現象を最小限に抑え，できるだけ速やかに回復させることが競技の結果を左右すると言える。例えばマラソンランナーの場合，特に脚部に負荷がかかるが，十分に疲労が回復しないままたくさんの走り込みを行うと，疲労骨折等の故障を起こす場合もある。

　これまで，アクアフィットネスについてあまり深く研究されていなかった時代には，スポーツ選手がアクアフィットネスを行うことに消極的であった。例えば野球選手の場合，肩が冷えるため良くないという理由から水に入ることを禁止した時があった。しかし現在では水の様々な効用が究明され，日本のプロ野球選手をはじめとして多くの種目のスポーツ選手がアクアフィットネスを行うようになった。

　スポーツ選手がアクアフィットネスを行う目的には3つのことが考えられる。1つは故障した部位のリハビリテーションのために，2つ目はクロストレーニングとして基礎体力の養成のために，そしてもう1つは精神的・肉体的な疲労を取り除くために行うということである。

　故障した部位のリハビリテーションとしてアクアフィットネスを行う場合，水中では浮力の作用があるため，陸上では行えないような運動が可能になる。また，水中での動作は筋肉に対してアイソキネティックな負荷がかかるため（動作中の全ての関節角度における筋肉に対して同等の負荷がかかる），筋肉に対して急な変化を伴う大き過ぎる負荷がかからない。さらに水圧の影響で循環血液量が多く，心拍数も上がらず，心肺機能の向上にもよいという利点がある。

　スポーツ選手がリハビリテーションとしてアクアフィットネスを用いた例としては，1992年バルセロナオリンピックにマラソン代表選手として出場し，途中給水所で転倒しながらも8位に入賞した谷口浩美選手の例がある。谷口選手はオリンピックの約3ヶ月前，練習により，右足の人差し指を疲労骨折した。しかしオリンピックに向けて練

習を休むわけにもいかなかったので，アクアフィットネスを併用した。通常では2ヶ月ほどの安静が必要であったが，谷口選手は驚異的な回復を見せ，わずか1ヶ月で通常の陸上での練習に復帰することができた。

クロストレーニングとしてアクアフィットネスを行う場合，まず水圧の影響によって血液量が増加することにより，呼吸循環機能を向上させることができる。また，水から受ける抵抗の作用により，筋肉にアイソキネティックな負荷がかかったり，補助器具（競泳選手が用いるパドルやフィン等）を用いたりすることにより，負荷の強さが容易に変えられるため，無理なく各自に合わせて筋力を高めることができる。さらに，水から受ける刺激（水温，浮力，抵抗等）により，通常の環境とは異なった気分でトレーニングに臨む事ができる。

精神的・肉体的な疲労を取り除くためにアクアフィットネスを行う場合には，主に水温の温冷を利用するものと，水流を利用するものがある。Jリーグの鹿島アントラーズでは，夏期の練習の後には筋肉に対するアイシングを含めての冷却効果のためと筋肉の疲労を回復させるためにプールへ行きストレッチングを行っている。また，午後の練習後には風呂場でのジャグジーバスやジェットバスを活用して疲労の除去に努めている。

2 実践

ここでは，総合的な基礎体力を養成するためのクロストレーニングとして行う場合のアクアフィットネスを取り上げる。内容としては下記に示したように，**ウォームアップ→各種目ごとのアクアフィットネス→ゲーム→クールダウン**の順で行うとよい。

① ウォームアップ

スポーツ選手の場合は，普段やり慣れている種目にあったウォームアップや，所属しているチーム独自のウォームアップがあったりする。これらを利用するのもひとつの方法であるが，発想の転換を図って，普段行っていないような動きを取り入れるのもマンネリ化しないための良い方法でもある。特に，通常は陸上の激しいコンタクトや速い動きを伴う種目を行っている選手たちであれば，ゆっくりとした丁寧なウォームアップがよい。

（ア）ストレッチング

目的：運動を効果的に安全に行うために筋肉の伸縮性と関節の可動域を高めること。

注意：弾みをつけずに心地よく感じるくらいまでゆっくりと伸ばす。筋肉を伸ばしている間，呼吸は止めずにゆっくりと行う。内容についてはつぎに上げるものの中から，主運動で使われる筋肉のストレッチングを選んで行う。

・下半身のストレッチ
　[No.61～71]
・上半身のストレッチ
　[No.16，17，72～78]

（イ）ウォーキング

目的：筋温を上昇させたり，心拍数を上げたりして循環機能の準備運動として行う。

注意：初めはゆっくりとした動作から始め，徐々に速度や負荷を増して行う。
　[No.18，23，24，25]

② 各種目ごとのアクアフィットネス
a────陸上競技のアクアフィットネス
（ア）循環機能を高める運動
　　足，脚を中心としたプログラムである。水中で行うことで，水の抵抗をうまく利用できれば負荷の増大を図れる。また，神経的な上達などを目的とした場合は，重力の影響が少なくなるので正確な動作の確認としても利用させる。水底に着地する際の衝撃も少なくなるので，足底筋群のトレーニングにも活用できる。
　　　［No.38，40～51］
（イ）上半身の筋力を高める運動
　　身体の中心となる胴体の腹筋，背筋や肩周りの僧帽筋や三角筋，上腕前腕など広い範囲の筋肉に対するプログラムである。［No.56～59，88～97］
（ウ）脚筋力を高める運動
　　姿勢を維持するための脊柱起立筋などへの負担を浮力によって補助するため、運動するための筋力発揮に集中して負荷がかけられる運動。水の抵抗が大腿部を持ち上げるときに加わるために陸上運動より筋力アップにつながる部分がある。［No.48，49，53，54，98］

b────競泳競技のアクアフィットネス
（ア）水を掻く能力を高め，泳力を高める運動
　　水泳競技の動作に似た部分を持ち，水の抵抗力を利用して水から推進力を得る手応えをつかむのに適した運動である。あるいは，水の粘性に合わせた陸上の固定物からは得られない力の発揮の仕方にあわせた運動である。
　　　［No.2，6～11，85，100，103］

（イ）上半身の筋力を高める運動
　　陸上では設定しにくい姿勢を水中で保つことによって，水泳に使われる上半身の筋力強化をねらった運動である。下半身の重さを水の浮力で支えてもらうことが負荷の設定に重要となる。
　　　［No.56，57，58］
（ウ）体幹の筋力を高める運動
　　フロートやグローブを利用することによって水から得られる抵抗を活用し，その抵抗に負けないように姿勢を維持することによって体幹部の筋力を高めようとする運動。［No.101，102，104，105］

c────バスケットボール，バレーボール，ハンドボールのアクアフィットネス
（ア）循環機能を高める運動
　　陸上競技などでも利用したが，水の抵抗を利用して身体への負荷を多くすることによって循環機能の向上を図る運動。［No.38，40，55］
（イ）脚筋力を高める運動
　　浮力を利用してジャンプのしやすさから脚部の筋肉に有効な運動で，着地の際には逆に浮力が膝や足首の関節にかかる負荷を軽減してくれるので，障害になりにくい点で適している。
　　　［No.40～50，53，54］

d────野球，ソフトボール，ゴルフのアクアフィットネス
（ア）上肢の機能を高める運動
　　グローブを装着することによって，水から受ける抵抗を大きくして，その負荷に対する力を発揮することで筋力を増強させる運動である。また，左右両上肢を左右両方向に使うことによ

って利き腕と非利き腕の偏りを解消することにもつながる。[No.92, 100, 105]

（イ）腰の捻転機能を高める運動

水からの抵抗を大きくしながら、うまく捻転動作に結びつける。あるいは、不安定な水中で下半身を使うためにバランスをうまく取ろうとする事が腰の捻転機能に効果を与える運動。
[No.45, 83, 104, 107]

e──スキー競技のアクアフィットネス

（ア）バランス感覚を高め，脚筋力を高める運動

不安定な水中姿勢の中で，意図的にバランスを崩すような運動をしながら，立位姿勢に戻ることで，姿勢保持に必要な筋力を養う運動。また，水中で大腿部を動かすことによって水から大きな抵抗をもらい，脚筋群に負荷をかける。
[No.42, 44, 45, 59]

③ ゲーム

目的：ゲームを通して，楽しみながらトレーニング効果を向上させる。

（ア）水中ポートボール

水球ボールを使って，水中ポートボールを行う。8～10名程度を1チームとして，各チームのキーパーをプールサイドに座らせる（その際，ビート板の上に座らせると腰が冷えない）。相手チームにボールを取られないようにしながらパスをし，キーパーにボールがわたった時点で得点とする。ただし，キーパーが取り損ねたり，取っても倒れたりした場合は無効とする。試合時間は体力レベルに合わせて5～10分を2回行うとよい。

（イ）騎馬リレー

5～8名1組のチームを作り，プール壁から10m程度離れて縦1列に並ぶ。先頭の者が2番目の者を背負ってプール壁まで1往復する。つぎに2番目の者が3番目の者を背負い1往復する。同様にリレーしていって，最後の者が先頭の者を背負って1往復したらレースは終了。もっとも早くレースを終了したチームの勝利となる。

④ クールダウン

目的：疲労回復と心身の緊張を取り除く。

（ア）1～2分間の水中歩行

（イ）アクアフィットネスで使用した身体部位のストレッチング

（ウ）リラクゼーション [No.79～84]

3 留意点

① リハビリテーションのために行う場合は，つぎのことに注意すること。
・整形外科医や運動療法士などの専門家の指示により行うこと。
・運動の初期段階は慎重に行うこと。（普通以下の強度で）
・障害のあった部位を丁寧に，徐々に使い始める。
・障害のあった筋肉や関節周囲に十分にコントロールされた負荷を加える。

② 冬期に行った場合は，練習終了後のケアに注意する。
例：風邪をひかないよう，頭髪を十分に乾かすなど。

【参考文献】

1) J.A.クラセベック，D.C.グライムズ著，柴田義晴，神戸周監訳「楽しいウォーターエクササイズ」大修館書店，1993.

5 整形外科的な問題を持った人のアクアフィットネス

　整形外科的な問題を持った人とは，骨格や関節周囲の組織などの変形による疾患をもった人のことである。ここでは肩関節（肩凝り，四十肩・五十肩）疾患に対する予防と改善プログラム，腰痛の予防と改善プログラム，股関節や膝関節疾患者に対する予防と改善プログラムについて紹介する。

1 肩関節痛の予防と改善のためのアクアフィットネス

1) 肩関節の動きの特徴

　肩関節は，肩甲骨と上腕骨で構成されているが，鎖骨との関連や肩甲骨が動くことで複雑な動きを可能にしている人間特有の関節といえる。さらに関節周囲の様々な筋肉と靱帯などが連動しており，痛みや可動域の制限といった障害が生じやすく診断しにくい部位である。疼痛に対しては温熱療法や寒冷療法が行われることが多い。

　動きが制限されてしまう主な機能障害に対しては，棒体操や振り子運動，滑車を使った訓練などの運動療法が行われる。自分で動かすことが困難でも，補助具や他人に補助してもらえば動かすことができる場合もあり，このようなときに，水の浮力を利用したアクアフィットネスは有効な手段となる。

2) 実践

　水の中で運動する最大の利点を生かすためには，浮力をうまく利用することである。従って，肩関節を中心に水深と姿勢に注意を払わなければいけない。つまり，肩関節の屈曲でも外転でも，上肢を肩と同じ高さまで上げてくる場合は，水面が肩と同じ高さになるような姿勢をとり，腕の力を抜いて，木の棒が浮くような感覚にして浮力により上肢の運動がやりやすいように設定する。

　肩甲骨を滑らかに動かすためには，両腕を水面に浮かせ，クロールのキャッチ動作のように，手のひらを水面と平行に，中指を前方へ突き出すようにする。この時，補助者に指を引っ張ってもらうとか，プールサイドに指先をかけ，身体を後方に引っ張りながらストレッチングすると効果が期待できる。

①ウォームアップ

　整形外科的な問題を持った人の緩徐な運動でも，心理的な効果がより大きく考えられるので，ウォームアップを丁寧に行う必要がある。あまり多くの種目をウォームアップとして取り入れなくてもよい。関節の可動域を障害に合わせて慎重に選ぶ必要があり，運動のリズムをゆっくりと行うべきである。

（ア）ウォーキング　　　　　　　　[No.18]
（イ）レンジ・ウォーキング　　　　[No.24]
（ウ）マーチング　　　　　　　　　[No.25]
（エ）サイド・ステッピング　　　　[No.21]
（オ）バックワード・ウォーキング　[No.20]

②メインエクササイズ（ストレングス）
（ア）ニーアップ・スタンディング

腰筋，背筋，および腸腰筋の強化と柔軟のため，左右10秒×3回ずつ行う。

（イ）腹式呼吸法

上部および下部腹筋力の強化のため，6回鼻から吸って口から吐く。プールの壁に腰，背中をつけて行なう。

（ウ）ベント・ニー・ローテーション　［No.62］

腰筋を柔軟にするプールの壁に向かって立ち，一方の膝を上げ左右5回転ずつ行う。

（エ）シット・アップ　　　　　　　［No.59］

下部腹筋を強化する。プールの壁に腰，背中を着け，膝を伸ばし両足をプール底から30cm程度持ち上げて10秒間保つ。その後，ゆっくり両足を下ろし全身の力を抜く。

（オ）スクワット　　　　　　　　　［No.53］

大腿四頭筋と背筋を強化する。

（カ）レッグ・ペンジュラン　　　　［No.14］

腰筋，背筋および腸腰筋を強化する。立位姿勢で一方の下肢を伸ばしたままできるだけ高くもち上げる。その後，ゆっくり床面に下ろす。これを左右交互に5回ずつ繰り返す。

（キ）ヒップ・サークル　　　　　　［No.36］

股関節の周りの筋肉を柔軟にする。立位姿勢で腰をゆっくり内外に回す。これを左右5回ずつ繰り返す。

③クールダウン

心拍数が上がるような運動を行った後には，すぐに運動を停止してしまうのではなく，同じような動作や使った部位を軽く動かしてクールダウンを行う必要がある。特に，使った筋肉への血液循環を促進しておくことは，疲労の回復につながる。

（ア）クロスオーバー・ステッピング［No.22］
（イ）ウォーキング［No.18］
（ウ）リラクゼーション
（エ）ダルマ浮き（長い呼吸停止をしない）
（オ）深呼吸

3）留意点

アクアフィットネスは，急性期の強い痛みが，安静，薬物療法，物理療法等で軽快し，ＡＤＬ（日常生活動作）に支障がなくなる時期から行うことが可能である。すなわち，痛みが発症して間もない時期，疼痛の程度に大きな変動が見られる時期，安静期間中，薬物療法の継続中，ＡＤＬ（日常生活動作）に支障がみられる時期などはすすめられない。

2　腰痛疾患の予防と改善のためのアクアフィットネス

1）腰痛疾患とその特徴
①腰痛症

腰痛疾患で多くみられるのは，筋・筋膜性腰痛症（いわゆる腰痛症）と加齢に伴って椎間板が変形し痛みを発生させる変形性脊椎症がある。その他には，腰椎椎間板ヘルニアや腰椎分離症，辷り症，骨粗鬆症，捻挫なども考えられる。腰痛の予防・改善のためには，体幹の可動範囲の拡大と姿勢を安定させるための体幹下部の筋力バランスの調整や強化が必要である。

アクアフィットネスは，リハビリテーションとしてきわめて有効な運動療法の一つとして広く用いられている。つまり，水の物理的特性により陸上でのリハビリテーションとは違って極めて効率

のよい効果が期待できるのである。温浴では温熱効果による疼痛軽減，血行改善，筋弛緩がみられ，また水中運動では浮力による荷重免荷で体重が軽減され，関節に無理な力を加えることなく，筋力増強やＲＯＭ（関節可動域）の保持ができる利点がある。さらに，浮力を利用した運動や水の抵抗を利用した運動も可能であり，適切な負荷による筋力強化が容易にできる。

②変形性脊椎症

腰椎を連結している椎間関節も老化による変性で狭くなる。その結果，脊椎全体が硬くなって動きが悪くなり，脊椎を支えている筋肉や靱帯などに余分な負担をかけるようになる。痛みの特徴としては，朝，起きた頃に痛みを強く感じ，午後から少しずつ背中の調子がよくなるといったパターンが現れる。時に，殿部や脚の裏側にしびれや痛みがでてきて，片足を引きずるくらいに歩きづらくなることもある。中高年者では多かれ少なかれ，この変形は起きてくる。

運動療法としては，腰を支える筋肉と腹筋を鍛え，腰から脚の裏側の筋肉をよく伸ばし，柔軟性を持たせることである。変形性脊椎症はスポーツや仕事で腰に負担のかかる動作を繰り返していると若い年代にも発生する。

③腰椎分離症，辷り症

腰椎分離症は，椎弓の関節突起間部に分離をきたして痛みを起こすもので，その発生原因は，発育期に腰部にストレスのかかる同じスポーツ・運動を集中的に行なったことによる疲労骨折という見方が有力である。しかし，脊椎分離症があるから必ず腰痛をきたすわけではなく，基本的には筋・筋膜性腰痛症，変形性脊椎症と同様のメカニズムによる疼痛が混在していると考えられている。

腰椎辷り症は，腰椎分離を基盤に，それより上位の椎体が下位椎体の上を前方に辷るものである。分離症も辷り症も軽度の腰痛と殿部痛，時には下肢の鈍痛がある。一般的には，疼痛が日常生活に支障をきたす程でなく，安定化したら運動療法に移行する。大腿屈筋群（ハムストリングス）・脊柱筋の萎縮が認められる。

2）実践

①ウォームアップ

（ア）ウォーキング［No.18］

（イ）レンジ・ウォーキング［No.24］

（ウ）マーチング［No.25］

（エ）サイド・ステッピング［No.21］

（オ）バックワード・ウォーキング［No.20］

②メインエクササイズ（ストレングス）

（ア）ニーアップ・スタンディング

腰筋，背筋，および腸腰筋の強化と柔軟のため，左右10秒×3回ずつ行う。

（イ）腹式呼吸法

上部および下部腹筋力の強化のため，6回鼻から吸って口から吐く。プールの壁に腰，背中を着けて行なう。

（ウ）ベント・ニー・ローテーション［No.62］

腰筋および大腿屈筋群を柔軟にする。プールの壁に向かって立ち，一方の膝を上げ左右5回転ずつ行う。

（エ）シット・アップ［No.59］

下部腹筋を強化する。プールの壁に腰，背中を着け，膝を曲げ両足をプール底から30cm程度持ち上げて膝を左右に振る。その後，ゆっくり両足を下ろし全身の力を抜く。

（オ）スクワット ［No.53］

　大腿四頭筋と背筋を強化する。

（カ）レッグ・ペンジュラン ［No.14］

　腰筋，背筋および腸腰筋を強化する。立位姿勢で一方の下肢を伸ばしたままできるだけ高くもち上げる。その後，ゆっくり床面に下ろす。これを左右交互に5回ずつ繰り返す。

（キ）ヒップ・サークル ［No.36］

　股関節の周りの筋肉を柔軟にする。立位姿勢で一方の膝を曲げ，そのかかとを反対側の膝の上におき，曲げた膝をゆっくり内外に回す。これを左右5回ずつ繰り返す。

③クールダウン

　肩関節の障害に対するクールダウンと同じく，すぐに運動を停止してしまうのではなく，筋肉への血液循環を確保して同じような動作や使った部位を軽く動かすようなクールダウンが疲労の回復につながる。

（ア）ベント・アーム・プル ［No.2］

（イ）リラクゼーション

（ウ）ヒップ・タッチング ［No.37］

（エ）クロスオーバー・ステッピング ［No.22］

（オ）フラター・キック ［No.52］

（カ）ダルマ浮き（長い呼吸停止をしない）

（キ）深呼吸（腹式呼吸）

（ク）リラクゼーション

3）留意点

①運動療法の目的

　腰痛疾患者に対するアクアフィットネスの目的は，腰椎の伸展位を軽減させ，腰椎の前弯が過度にならないような姿勢をつくることである。そのために，腹筋および殿筋を強化し，背中全体の筋肉および大腿屈筋群と下腿三頭筋，腸腰筋などの柔軟性を高めることである。

②運動療法の適応

　急性期の強い腰痛が安静，薬物療法，物理療法等で軽快し，ＡＤＬ（日常生活動作）に支障がなく，安定した時期から適応となる。

③運動療法の禁忌

　腰痛が発症して間もない時期，疼痛の程度に大きな変動が見られる時期，安静期間中，薬物療法の継続中，ＡＤＬ（日常生活動作）に十分な自信が持てない時期などは禁忌である。

3　股関節疾患や膝関節疾患者に対する予防と改善プログラム

1）股関節疾患や膝関節疾患とその特徴

　股関節や膝関節は，毎日使われる部位であるため日常生活に支障をきたすことが多い。最近では，サッカーや陸上競技などのスポーツ選手などの股関節周囲の炎症などがよく見られるようになってきた。股関節周囲は，腸腰筋や大殿筋や大腿筋群などの大きな筋肉によって構成されている。膝の関節は，大腿骨と脛骨，膝蓋骨と軟骨でできた半月板からなり，周囲の筋肉や十字靱帯や側副靱帯などから構成され，関節液によって衝撃が吸収されている。捻挫や繰り返される重力の刺激によって骨格が変形したり，筋力の低下や靱帯の損傷によっても痛みを伴った機能障害が発生する。Ｏ脚やＸ脚など骨格の特徴が，膝関節の障害を引き起こすこともある。

2）実践

股関節をとりまく周囲の大きな筋肉の緩やかな動きから導入するのが良い。プールサイドに腰をかけるとき，キックボードなどをお尻に敷いて，動作だけでなく環境にも配慮すると動きやすい。プールへの出入りにも，手すりの利用や，スロープなどがあるとより効果的である。浮力を利用して，それぞれの関節にかかる体重が軽減されたプログラムの工夫が必要である。

①ウォームアップ
（ア）プールサイドに腰かけて，フラター・キック［No.52］
（イ）プールサイドに腰かけて，レッグ・シザーズ・クロス［No.108］
（ウ）プールサイドに腰かけて，ライティング・フット［No.15］
（エ）ゆっくりウォーキング［No.18］

②メインエクササイズ
（ア）ストレート・レッグ・ウォーキング［No.23］
　上半身を起こし，ゆっくりと歩幅を狭くゆっくり歩き出す。慣れてきたら，歩幅を少しずつ広げる。
（イ）バックワード・ウォーキング［No.20］
　同じように，初めは歩幅を小さめに，慣れてきたら広めにして，手の振りもつけてみる。
（ウ）サイド・ステッピング［No.21］
　確実に一歩ずつ，開きだした脚に後の脚を引きつけてから次のステップへ動き出す。
（エ）フローティング・ボディ・ツイスト［No.83］
　ゆっくりとしたスピードで，動作は大きく確実にひねれることを意識する。

（オ）スクワット［No.53］
　浅いと体重の重さが大きくなりすぎるので，水深に注意して，初めは少し深めの方がよい。

③クールダウン
（ア）レッグ・ペンジュラン［No.14］
（イ）サイドボディ・ストレッチ［No.17］
（ウ）ベント・ニー・ローテーション［No.62］
（エ）サイ・エクステンション［No.66］
（オ）スパイン・フロート［No.81］

3）留意点
①運動療法の目的
　股関節や膝関節疾患者に対するアクアフィットネスの目的は，日常生活で体重などの重力の影響を受けているそれぞれの関節に対して，浮力によって重力の負荷を取り除いた環境で，関節とその周囲の筋肉の動きの改善を図ることである。関節などに変形が認められる場合は，動かす範囲や速さが痛みを伴わないよう，行う動作をあらかじめ決めておくことが重要である。

②運動療法の適応
　急性期の強い痛みが，安静や薬物療法，さらには物理療法等で軽快し，安定した時期になって適応可能となる。さらには，季節や気温の変動など，当日のコンディションを十分考慮して行う。

③運動療法の禁忌
　股関節痛や膝関節痛が発症して間もない時期，疼痛の程度に大きな変動が見られる時期，安静期間中，薬物療法の継続中，ＡＤＬ（日常生活動作）に十分な自信が持てない時期などは禁忌である。

6 生活習慣病予防のためのアクアフィットネス

平成8年に厚生省（当時）は，従来の"成人病"に対する認識を改め，「食生活，運動習慣，休養，喫煙，飲酒等の生活習慣が，その発症・進行に関与する症候群」として「生活習慣病（lifestyle related disease）」の概念を導入した。具体的には，腰痛や肩こり，また肥満などの軽度のものから高血圧，高脂血症，糖尿病，痛風，更には心筋梗塞や脳梗塞，脳出血，がんなどが生活習慣病の概念には含まれよう。実際，日本人の死因のトップ3は，がんと心・脳血管疾患であり，これらによる死亡は全死因のおよそ60％を占める。このうち特に心・脳血管疾患は動脈硬化に由来し，日頃の運動不足がその要因に数えられることは言うまでもなく，この意味においても，アクアフィットネスを啓蒙普及して行く意義は，表4-1の「動脈硬化の危険因子に対するアクアフィットネス効果」をみても大きい。

1 運動療法としてのアクアフィットネス処方

循環器系疾患の原因として，体内の糖質の利用などを調節するインスリンに対する反応が注目されてきているが，これは，肥満，高血圧や糖尿病，高脂血症に対する運動療法のねらいと基本的には同じである。そこで，運動療法としてのアクアフィットネスのプログラムを立てる際に留意すべき要点を運動処方の5原則に沿って述べる。

1）運動種目を設定する要点

内科的疾患の予防や治療における運動の生理学的な目標は，①消費カロリーの増大による体脂肪の減少，②インスリン感受性の改善，の二つに集約できる。この2条件を効率的に実現できる種目は，全身の筋肉をダイナミックに働かせ，かつ一定時間持続可能な中くらいの強度以下の有酸素運動系の種目である。中でも，足・膝関節，腰部などに対する自己の体重による負荷を浮力により軽減でき，技術もそれほど必要としないアクアフィットネスは，肥満者や運動不足の者にとって理想的な運動種目である。

2）強度の設定の要点

適正な運動強度の設定は，安全で効果的な運動プログラムを行う上で，特に留意すべき原則である。詳細な設定法については，第2章の「アクアフィットネスのプログラミング」を参照して頂きたいが，最近の傾向として，効果が期待される運動強度の幅は広く，また全体に低く設定される傾

表4-1

動脈硬化の危険因子に対するアクアフィットネスの効果			
1. 高血圧	○	7. 家族歴	
2. 高脂血症	○	8. 高尿酸血症	
3. 喫煙		9. ストレス	○
4. 運動不足	○	10. タイプA性格	
5. 糖尿病	○	11. 加齢	
6. 肥満（特に内臓型）	○	12. 男性	

○：アクアフィットネスにより改善可能

向にある。これは，かつては競技選手を対象としていた運動処方が，一般人や患者を含む幅広い体力レベルの集団に変わってきたことや，体脂肪率や糖・脂質代謝など健康状態の改善を実現できる運動強度は，最大酸素摂取量の増加を目標とする場合に比べて低く設定しても目的にかなうからである。いずれにしても，内科的疾患を有する者に対する強度設定は健常人に比べて低目にするのが大切である。

水泳やアクアフィットネスの場合には，陸上運動種目で求められた目標心拍数からさらに10拍／分を差し引いた強度設定をする。すなわち，水中運動時の心拍数100拍／分は陸上運動時の110拍／分強度に相当すると理解しても構わない。また自覚的運動強度（RPE）も解りやすく実用的で，一般にボルグの20尺度表12～13の"ややきつい"は，無酸素性代謝閾値（Anaerobic Threshold：AT）＝最大酸素摂取量の50％＝最高心拍数の65％に相当し，安全で効果的な強度設定に有効な目安となる。この強度は，「会話はできるが，歌えないペース」「20～30分は続けて運動できる」，また「話はできるが，歌うにはちょっと息苦しい」などと表現でき，これを理解しておくと指導の際に大いに役立つ。

3) 運動時間を設定する要点

内科疾患の治療や健康づくりを目的とする場合には，体脂肪の効率的な燃焼を目標とすることから，1回に5～10種目の運動動作を組み合わせて水中運動を最低20～30分は持続させるのが望ましい。そのためには，当然，運動強度は低くなるが，最大酸素摂取量の40～50％程度の運動でも一定時間持続して行うことにより健康上は十分な効果が得られる。また，この強度であれば，同時に安全性も十分に確保される。つまり，"軽く，長く"持続可能なプログラムの作成が要点である。

4) 運動頻度設定の要点

1回の運動トレーニングによる糖代謝や脂質代謝への効果は，3日以内に低下し，7日でほぼ消失する。また普段運動不足の者が急に運動をした場合に，運動性突然死の原因と成り得る心筋梗塞の発症危険度は軽運動時の5.9倍となるが，運動頻度が週に2日，3日…と増すとともにそのリスクは低くなる。一方，身体的に予備力が低い高齢者や有疾患者では，運動頻度とともに疲労や障害の頻度増加が予測される。よって，頻度は週に2日～5日を目安にする。

5) 進行度設定の要点

プログラムの作成においては強度，持続時間，頻度とも，必ず初期には低目に設定し，徐々にステップ・アップして行くべきことは言うまでもない。また運動効果が発現するまでには，ある程度の時間を要するが，処方プログラムの実践意欲を維持することは必ずしも容易ではない。一般的な運動プログラムでは開始後6ヶ月以内に約半数の者がドロップ・アウトするが，特にはじめの1～2ヶ月の運動実施率がその後の継続状況を予測する指標と成り得る。したがって，処方開始より2ヶ月までは，2週間～1ヶ月ごとに，その後は3ヶ月を目安にプログラムを見直して行くのも一つの方法である。

6) 運動量と運動効果

運動処方の結果，体力レベルや健康状態に効果

を得るには、一定量以上の運動の遂行、すなわち、運動量の積算が前提となる。通常、運動量は強度、持続時間、頻度の積で決定され、その単位はkcalで表わされる。

積算運動量＝強度×持続時間×頻度

例えば、高血圧の運動療法において、有酸素運動よる降圧効果の発現には最低でも1,000分、できれば2,000分の運動時間の蓄積を要する。この場合、一回30分の水泳、またはアクアフィットネスを週に3日実施しても、運動効果を得るまでには3〜6ヶ月間継続する必要がある（30分／回×3日／週×12〜23週＝1,080〜2,070分）。この意味においても、いかにして実践意欲の増大維持に努力を注ぐべきかが理解できる。米国心臓病学会は、1日の勤務時間中の総歩行時間が1時間を超えない人は積極的に運動量を増やすべきであり、さらに体力レベルの維持、健康上の効果を得るための至適運動量は、週当たり700〜2,000kcalであるとの見解を提示している。これをアクアフィットネスに換算すると、体重68kgの人の場合は1回当たり約30分として約220 kcal、よって、少なくとも週に3日以上はすべきとの計算になる。やはり現実の運動処方においては、アクアフィットネス以外にも日常生活でエレベーターを避けて積極的に歩くことを指導するなど、ライフスタイル全体を考慮することも重要である（図4-3）。

7）内科疾患に対するアクアフィットネス処方のまとめ

健康づくりや循環器系疾患の予防ならびに治療を目的とした場合の、アクアフィットネス処方の要点は表4-2に示した。

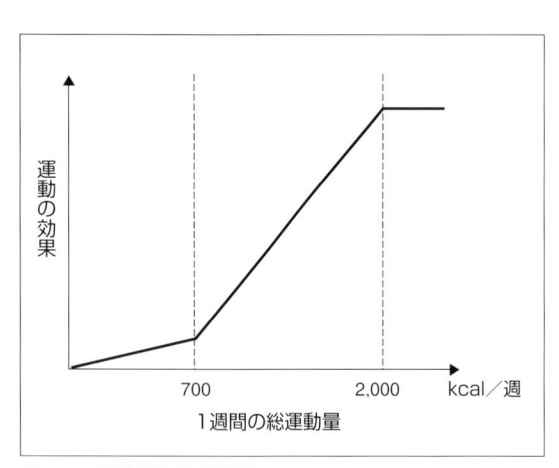

図4-3 運動量と運動効果

表4-2

内科疾患に対するアクアフィットネス処方の要点
1. **種目**…アクアフィットネス • 自分の好きな、楽しい動作のバリエーション • 柔軟性や筋力に応じた動作のバリエーション • 全身をリズミカルに動かす動作を中心に • ウォーキングやジョギング、水泳などと組み合わせる
2. **強度**…どれくらいの強さで？ • 最大酸素摂取量の40〜60％ • 目標心拍数（拍／分）＝〔（220－年齢）〕×0.5〜0.7〕－10 • 「会話できるが、歌えない」ペース
3. **持続時間**…1回にどれくらいの時間？ • できれば30〜40分持続して • ウォーキングなどと合計した時間が1日当たり30分以上
4. **頻度**…週に何日くらい？ • 2〜5日／週
5. **進行度**…どのくらいのペースで進めるか？ • 最初の1〜2ヶ月は軽く短く、その後は体調、体力レベルの向上に合わせて、徐々に強く長く

2 安全，かつ効果的な運動療法の実現のために

有疾患者では，運動療法の適応となっても，プログラムの遂行中に病状が進行したり，新たに合併症の出現を招くこともある。したがって，選手や健常者ではなく有疾患者を対象とする運動療法では，効果よりもまず安全性を優先すべきである。また小児や高齢者，妊婦は，体力や健康状態に個人差が大きく，一般に少し強度が高すぎても対応し切れないことも記憶しておくべきである。また特にアクアフィットネスによる運動療法を指導する際には，彼らの体温調節は成人よりも劣ることを考慮すべきである。したがって，有疾患者や高齢者においては，プログラム導入前に積極的にメディカル・チェックにより，実践してよい者と行ってはいけない者を判別し，また合併症が発生した場合は勿論，疾患の病状コントロールが不良な場合には直ちに中止する覚悟も必要である。表4-3に安全かつ効果的なアクアフィットネスによる運動療法を実現するための要点を，表4-4には運動を中止すべき所見，また表4-5には各疾患別に要点と注意事項を示す。

表4-3

アクアフィットネスによる安全かつ効果的な運動療法の重点
1 安全性を重視し，時には運動中止も有り得る。
2 積極的にメディカル・チェックを適用する。
3 高齢者や小児では，体力などに個人差がある。
4 高齢者や小児の体温調節能力は成人に劣る。
5 食事療法を併用する。
6 喫煙など他の生活習慣の修正も促す。
7 行動科学的にもアプローチする。

表4-4

事故予防に有効と思われる運動を中止すべき所見
1 胸が痛い，圧迫される感じ。
2 強い息切れ，軽い運動ですぐ息切れする。
3 めまい，目の前が暗くなる。
4 動悸，または脈が乱れる。
5 足がむくむ。
6 寒気がする。
7 強い頭痛がする。
8 足がもつれる。
9 吐き気がする。
10 何となく気分が悪い。

表4-5 疾患別アクアフィットネス指導上の留意点

	運動処方の要点他	注意事項他
高血圧	・強度：（220−年齢）×0.6−10 から始める。 　例：40歳の人→98拍／分から ・頻度：2〜5日／週 ・時間：30〜60分／回	・息をこらえたり，止めたりしない ・アイソメトリックな動作を避ける ・運動前に180／100mmHgの時は禁忌 ・眼底所見異常や尿蛋白強陽性例は禁忌
糖尿病	・強度：（220−年齢）×0.6−10 ・頻度：2〜5日／週 ・時間：1回10分でも累積して合計で1日30分以上にする ・ウォーキングなどと組み合わせる ・空腹時血糖110〜139mg／dℓ例は好適応	・低血糖発作に注意する ・インスリン使用者では運動前のインスリン量を減らす場合もある ・高温環境は脱水症を招くので注意する ・食事療法を併用（25〜30kcal／kg／日） ・空腹時血糖≧250mg／dℓ例は禁忌 ・網膜症や尿ケトン体陽性例は禁忌
高脂血症	・強度：（220−年齢）×0.6−10 ・頻度：2〜5日／週 ・時間：30〜60分／回 ・ウォーキングなどと組み合わせる ・200≦総コレステロール≦249mg／dℓ例 　150≦トリグリセライド≦299mg／dℓ例は，いずれも好適応	・食事療法を併用 ・他の代謝性疾患の合併に注意する ・総コレステロール≧260mg／dℓ例ではできるだけ運動負荷心電図を適用
肥満	・強度：（220−年齢）×0.6−10 ・頻度：2〜5日／週 ・時間：1回10分でも累積して合計で1日30分以上にする ・ウォーキングなどと組み合わせる ・24.0≦BMI≦26.4は好適応	・食事療法を併用（25〜30kcal／kg／日） ・筋肉痛や整形外科的な問題に留意する ・体重の定期的測定を実施させる ・BMI≧30.0は禁忌 ・集団指導の際に個人に恥辱を与えないような環境を設定する

Q&A

Q6：健康づくりを目的としたアクアフィットネスを組み入れた，具体的な運動プログラムを教えてください。

A：Paffenbarger教授らによるハーバード大学の卒業生における追跡調査の結果では，1週間の運動量が2,000 kcal以上の人は，それ未満の人よりも心臓病の発生率が40％も低いと云う。また現在35歳の人が仮りに80歳まで生きるとした場合，ライフスタイルをアクティブに修正して，1週間の総運動量を2,000 kcal以上にすれば，計算上その人の平均余命は，2年半以上延長し，75歳の人でも，同様のライフスタイルの改善を実践により，寿命は5ヶ月ほど伸びることも予測されている。この2,000 kcalとは，日常生活における歩行量と階段の昇り，またスポーツによって消費される運動量の総和であり，1日当たりにすれば300kcalとなる。アクアフィットネスやゆったりペースの水泳で換算すると，約40〜60分に相当するだろう。しかし，実際には毎日，プールに通ってアクアフィットネスを行うことは容易でない。そこで，たとえば，少なくとも週に1日はアクアフィットネスを行い，残りは日常生活での歩行量を増やすというのはどうだろう。日本人の1日の平均歩行数は約7,000歩と報告されるが，アクアフィットネスに加えて週に3日だけ3,000歩（＝100 kcal＝30分）ずつ余計に歩くと，1週間の目標運動量である2,000 kcalを達成できる。さらに，都合のよいことに最近の研究結果によれば，30分続けて歩かずに10分を3回と分けても同様の効果が得られることが明らかにされている。アクアフィットネスに加えて少しだけライフスタイルをアクティブに修正することが，その先の人生を大きく変え得るといえる。

処方例
　（アクアフィットネス40〜60分）×1日
　　＝300×1＝300 kcal
　（週に3日はアクティブに1日10,000歩）×3日
　　＝300×3＝900 kcal
　（残りの4日は通常どおり1日7,000歩）×4日
　　＝200×4＝800 kcal

[参 考]

1 ── 自己の体力評価法

　自己の体力の変化を把握するためには，一定期間毎に同一運動を行い，そのときの生理学的な反応を調べます。例えば，同一運動を同じテンポで同じ時間行い，終了直後の心拍数を計測します。その時，心拍数が減っていれば体力の改善が見られた結果と考えられます。新体力テスト（p.19）を参考に，握力，長座体前屈，上体起こし，反復横跳び，20mシャトルランテスト，立ち幅跳びを計測し，以下の体力評価表を参考に一覧表にしておくとよいでしょう。

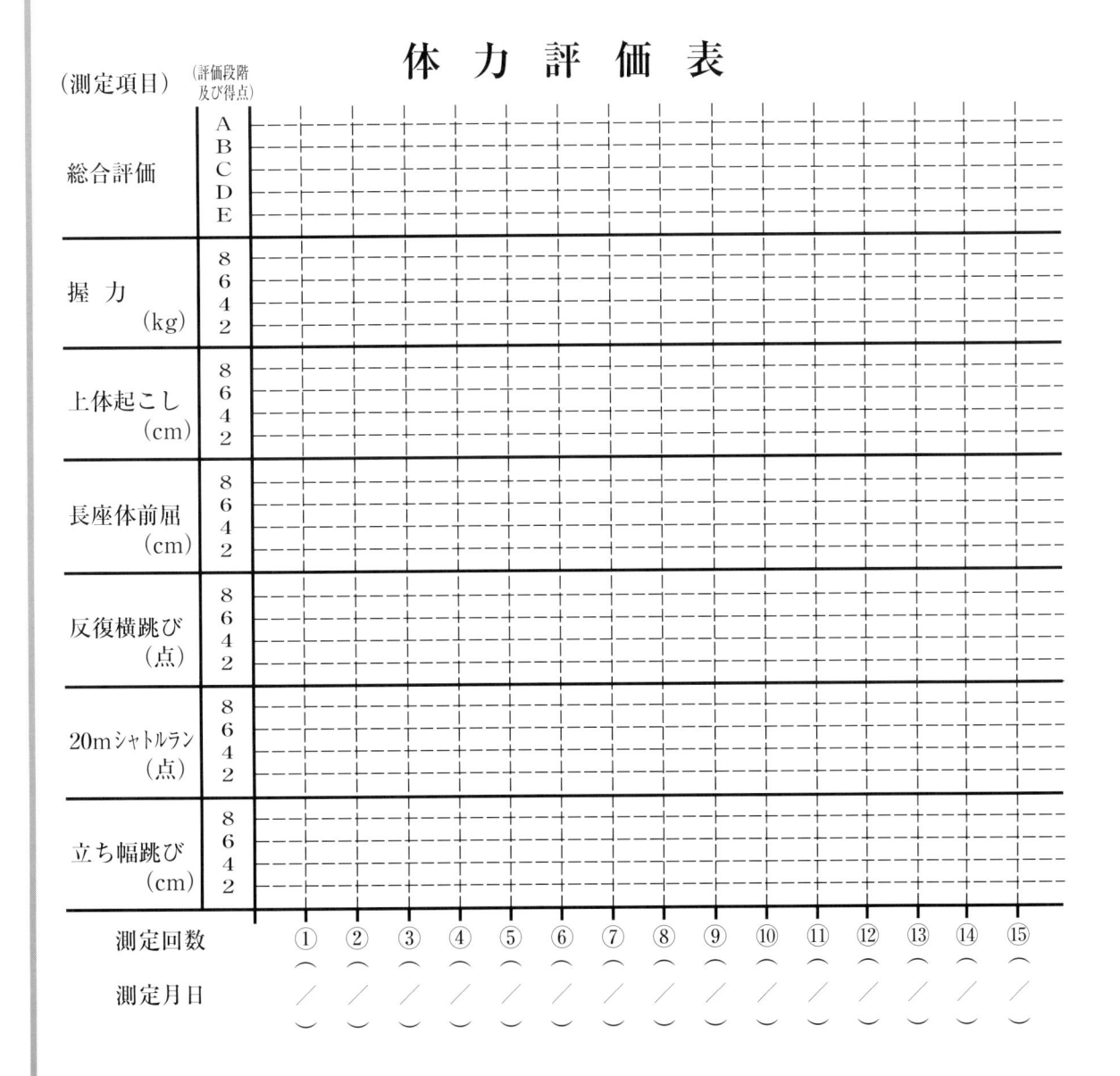

体力評価表

(測定項目)	(評価段階及び得点)	①	②	③	④	⑤	⑥	⑦	⑧	⑨	⑩	⑪	⑫	⑬	⑭	⑮
総合評価	A B C D E															
握　力 (kg)	8 6 4 2															
上体起こし (cm)	8 6 4 2															
長座体前屈 (cm)	8 6 4 2															
反復横跳び (点)	8 6 4 2															
20mシャトルラン (点)	8 6 4 2															
立ち幅跳び (cm)	8 6 4 2															
測定回数		①	②	③	④	⑤	⑥	⑦	⑧	⑨	⑩	⑪	⑫	⑬	⑭	⑮
測定月日		／	／	／	／	／	／	／	／	／	／	／	／	／	／	／

2 ── 安全で楽しく行うための実践日誌，体調記録表

　つぎに示したような実践日誌や体調記録表を参考に，これまで行ってきた運動内容や健康状態を把握しておくことが大切です。アクアフィットネスを安全に，長く続けて楽しむためにも，p.28〜29の1日のプログラム例を参考に，自分に合った実践日誌や体調記録表を作っておきましょう。

実 践 日 誌

運動時間：　時　　分〜　時　　分　　運動時心拍数：　　　拍/分
体温：　　℃　　血圧：　　　　mmHg　　主観的運動強度：

運動項目	運動部位	運動種類	運動内容
ウォームアップ			
メインエクササイズ			
クールダウン			

感想

[参考] 83

体 調 記 録 表

氏 名 _____

日　　程	1回目(/)	2回目(/)	3回目(/)	4回目(/)
体　　重	kg	kg	kg	kg
体　　温	℃	℃	℃	℃
血　　圧	mmHg	mmHg	mmHg	mmHg
安静時心拍数	／分	／分	／分	／分
目覚状態	1　2　3	1　2　3	1　2　3	1　2　3
睡眠状態	1　2　3	1　2　3	1　2　3	1　2　3
筋肉状態	1　2　3	1　2　3	1　2　3	1　2　3
食　　欲	1　2　3	1　2　3	1　2　3	1　2　3
便　　通	1　2　3	1　2　3	1　2　3	1　2　3
活動意欲	1　2　3	1　2　3	1　2　3	1　2　3
ＲＰＥ	1　2　3　4　5	1　2　3　4　5	1　2　3　4　5	1　2　3　4　5
運動時の心拍数	／10秒	／10秒	／10秒	／10秒

※ 該当する数字を○で囲みましょう
※ 1：良好，2：ふつう，3：不良
※ RPE → 1：とてもらく，2：らく，3：ふつう，4：ややきつい，5：きつい
※ 心拍数は，安静時は1分間値，運動時は最も強い運動後の10秒間値を記入する

メモ：

3 — 覚えておこう救急法！

水泳中，周りの人に異常事態が発生したら急いでプールサイドに上げて下さい。プールサイドに上げたら，体を保温するとともに以下の要領で救急手当を行って下さい。

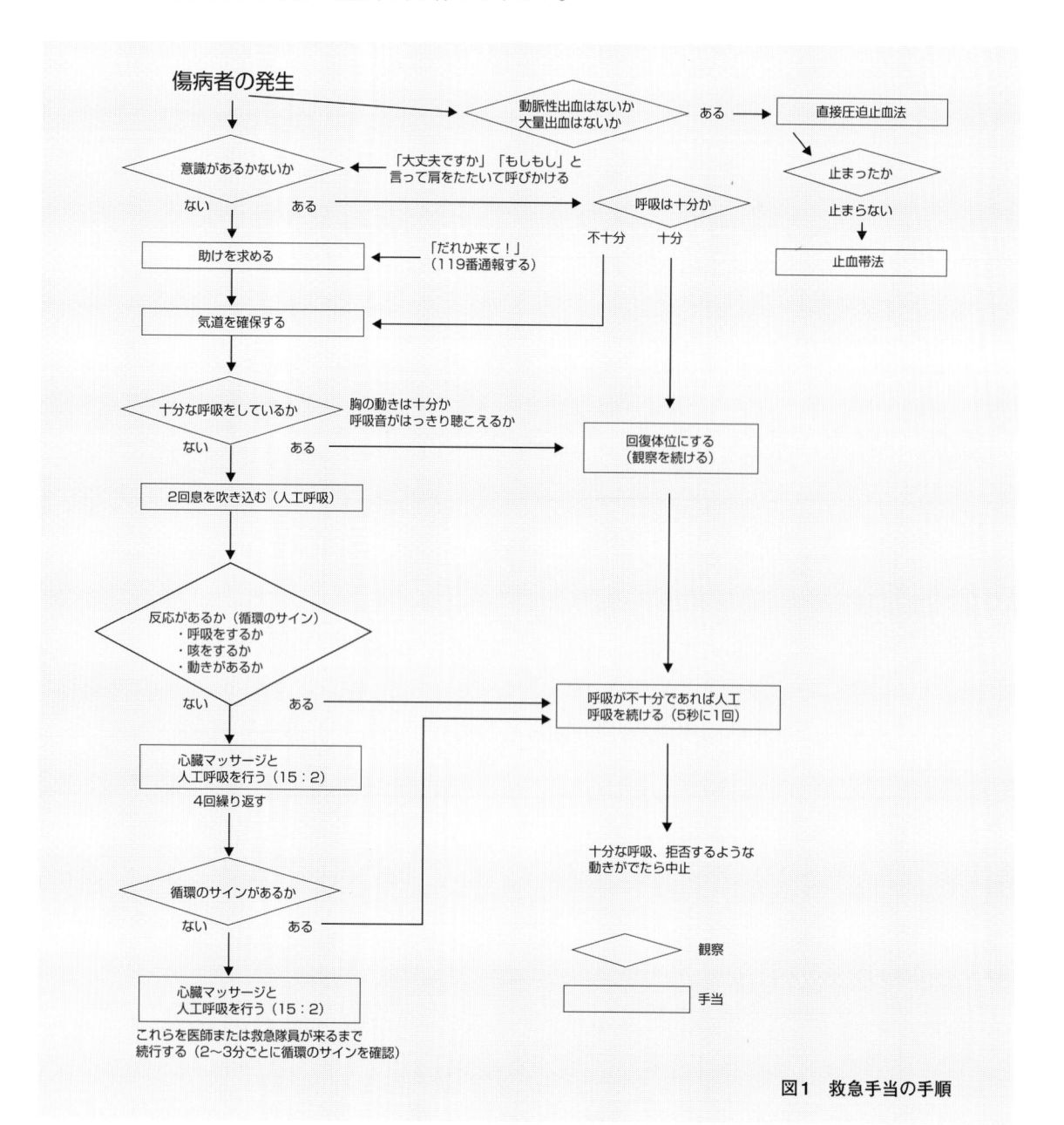

```
傷病者の発生
     ↓
◇ 動脈性出血はないか／大量出血はないか ─ある→ □ 直接圧迫止血法
     │ない                                            ↓
     ↓                                          ◇ 止まったか
◇ 意識があるかないか ←「大丈夫ですか」「もしもし」         │止まらない
  │ない    │ある                言って肩をたたいて呼びかける  ↓
  │        └─→ ◇ 呼吸は十分か                       □ 止血帯法
  ↓              │不十分  │十分
□ 助けを求める ←「だれか来て！」（119番通報する）
  ↓
□ 気道を確保する ←─────────────┘
  ↓
◇ 十分な呼吸をしているか  胸の動きは十分か
  │ない    │ある           呼吸音がはっきり聴こえるか → □ 回復体位にする（観察を続ける）
  ↓
□ 2回息を吹き込む（人工呼吸）
  ↓
◇ 反応があるか（循環のサイン）
  ・呼吸をするか
  ・咳をするか
  ・動きがあるか
  │ない    │ある → □ 呼吸が不十分であれば人工呼吸を続ける（5秒に1回）
  ↓
□ 心臓マッサージと人工呼吸を行う（15：2）
  4回繰り返す                             十分な呼吸，拒否するような
  ↓                                       動きがでたら中止
◇ 循環のサインがあるか
  │ない    │ある ────────────────┘
  ↓
□ 心臓マッサージと人工呼吸を行う（15：2）
これらを医師または救急隊員が来るまで
続行する（2～3分ごとに循環のサインを確認）

◇ 観察
□ 手当
```

図1　救急手当の手順

4 ── 地域アクアフィットネス教室の運営例

地域アクアフィットネス教室の運営例

1. 教室名	アクアフィットネス教室	
2. 実施主体	N区教育委員会生涯学習部スポーツ振興課	
3. 実施場所	N区立M温水プール	
4. プールの形状	25m 6コース 水深（両端1.1m，5mライン間1.3m）	
5. 教室期間	実施期間 1.2ヶ月（6回）	
6. スタッフ構成	指導員6名，研修生1名	
7. 対象者	N区在住，在勤，在学の区民一般	
8. 募集人員	80名	
9. 指導員確保	N区水泳連盟に委託	
10. グループ分け	身長別（プールの水深を考慮し，年齢別にしない）	
11. 参加者年齢	10代1名　20代6名　30代8名　40代20名　50代25名　60代18名　70代2名	
12. 反省と課題	アンケート調査	
13. 教室のねらい	N区のスポーツの普及と区民の健康の増進を図る	
14. 教室の内容	①ストレッチング，②水中ウォーキング，③筋力トレーニング　④有酸素運動，⑤ゲーム，⑥リラクゼーション	
15. 教室作りの工夫	①目的に応じた動きを効果的に組み合わせる。②楽しく行わせる。③安全に配慮する。④有酸素運動を行わせる。⑤平衡感覚や関節の可動域の改善を図る。⑥教材の創意・工夫をする。⑦コミュニケーションを図り，仲間つくりをする。	
16. 指導上の留意点	①至適運動量（汗をかく程度，長く続けられる運動）を確保する　②水中歩行では20～30歩程度続けさせる。③体力の個人差を考え，マイペースを保持させる。④全体指導やグループ指導を有機的に活用し，教室の雰囲気を盛り上げる。⑤使っている部分の筋肉の動きに意識させる。⑥教室終了後には反省，自己点検し，次回に生かす。	

（練馬区水泳連盟理事長　茨田忍氏 提供）

5 ── アクアフィットネス教室実践例

アクアフィットネス教室実践例1

	学習活動	指導上の留意点
5分	○ウォームアップ ▽ストレッチング 1) 広背筋　　2) 肩関節　　3) 背腹筋　　4) 大胸筋 5) 体捻転　　6) 大腿二頭筋　7) 大殿筋　　8) 大腿四頭筋	
5分	○ウォーキング ・ウォーキング　[No.18] ・バックワード・ウォーキング　[No.20] ・片手でキック板を押さえキック板の周りを回る（左右） ・左右のサイドステップピング　[No.21]	
20分	○ストレングス ・キックボード・プレス（前下，後ろ下，左右斜下，左右側方）[No.88] ・トランク・ツイスト・ジャンプ　[No.45] ・キックボード・アラウンド・ボディ　[No.90] ・キックボード・プッシュ・アンド・プル　[No.91] ・キックボード・ウォーター・フォール（正面−正面，正面−背面，側面−背面）[No.92] ・レジスティブ・トランク・ツイスト　[No.89] ・フローティング・ボディ・ツイスト　[No.83] ○エアロビクス ・ウォーターウィール　[No.13] ・ジャンピング・レッグ・アダクション[No.41] ・ジャンピング・レッグ・アブダクション　[No.40] ・ダウン・ヒーラー　[No.42]	
10分	○ゲーム ▽キック板交換 ・互いに水中に入れたキック板を右横に差し出し，左横から受け取る。 ・頭上に差し出し，股下で受け取る。 ・両足で乗っているキック板を，両手でバランスを取りながら他者と乗り替わる。 ▽馬跳び ・キック板を持って円陣を組み，一方向に回りながら前に来たキック板を馬跳びに跳び越す。 ▽キック板取り ・円陣をつくり，その中に全員の数より少ないキック板を入れて一方向に一定の時間水中歩行をする。合図でキック板を取り合い，手にしなかった人は円陣から離れ，最後に残った人が勝ち。	
5分	○クールダウン ▽ストレッチング ・足先を持ち，かかとをお尻に引き寄せる。[No.65] ・片腕を伸ばして胸の前を水平に引き寄せ，逆の腕で肘に当ててさらに引き寄せる。[No.76] ▽リラクゼーション ・後頭部をプールサイドやキック板の上に乗せ，下半身の力を抜いて浮かせる。[No.81] ・両腕を広げてプールサイドを背にして持ち，パートナーに両脚を持ち上げてもらい，左右，上下に振ってもらう。[No.99]	

（練馬区水泳連盟理事長　茨田忍氏 提供）

[参考] 87

アクアフィットネス教室実践例2

時間	学習活動	指導上の留意点
7:30	1) プールサイドワーク ①フラター・キック［No.52］ ②ライティング・フット［No.15］ 　フット・ローテーション［No.64］ ③レッグシザーズ・クロス［No.108］	プールサイドに浅く腰掛ける。 ゆっくりキックをする。（股関節の屈曲・進展・膝・足首の柔軟） 足で文字を書く。a右足　b左足　c両足（足関節・膝関節のワークアウト） 膝を中心に足を回す。a左右交互　b同時に外向き　c外向き 　（足関節・膝関節のワークアウト） 足の交叉動作をゆっくり繰り返す。脚の内外転運動（屈曲のまま）
7:40	2) ウォーキング ①フォワード・ウォーキング 　ア）ウォーキング［No.18］ 　イ）レンジ・ウォーキング［No.24］ 　ウ）スケーター・ウォーキング 　エ）マーチング［No.24］ ②サイド・ステッピング［No.21］ ③バックワード・ウォーキング［No.20］ ④クロスオーバー・ステッピング［No.22］ ⑤ストレート・レッグ・ウォーキング［No.23］	水中を歩くスピードは，会話しながら歩けるスピードで0.5～0.7m／秒 （水深：剣状突起）で20分～30分間（1000m前後）を目標とする。 自然な動きで，歩幅は身長の1/2以下で歩く。（踵から床につけて歩く） 歩幅はできるだけ大きく，股関節の伸展・屈曲を意識しながら歩く。 （股関節の可動行の改善） 支持足の足の内側全体でしっかりと床をキックしながら，反対 の足を斜め前方に大きく踏み出し，体重の移動と共に支持足を 前方に引き付ける（スケートを滑るように） 膝を高く上げながら歩く。a腕を自然に振る　b膝を抱えるよう にして胸に近づけて 脚を横に開閉しながら歩く。a腕を腰に足の指先を前に向けた まま肩幅に　b歩幅を大きく　c腕を横に上げ下げしながら 後ろに歩く。（体重は後ろに引いた足先が床についてから徐々 に移動） 左右の脚を交叉させながら歩く。a歩幅は肩幅程度に　b膝を 上げながら　c上半身をひねりながら 膝と腰を伸ばして歩く。a腕は歩行に合わせバランスを取る b右手右足，左手左足（騎兵隊のように）　c踵で　dつま先で
8:10	3) ストレングス ①マエ・ウエスト［No.27］ ②プッシュ・オフ［No.56］・ 　プッシュ・アップ［No.57］ ③ボディ・ツイスト［No.16］ ④エルボー・タッチング・ニー［No.51］ ⑤シット・アップ［No.59］ ⑥スクワット［No.53］・ 　ワンレッグ・スクワット［No.54］	使用する筋肉を意識し，使用する筋肉の動作を意識する。 （運動強度は時間と距離で調節する） 大胸筋・後背筋を意識しながら腕の動作範囲をだんだん大きく していく。 上腕二頭筋・上腕三頭筋：動作の初めはゆっくりと。慣れて来 たらスピードをつけて抵抗を大きくする。 腹斜筋：下肢を固定し上肢を左右に捻転する。 上肢はできるだけ正面を向き，下肢を捻転する。 腹筋・大腿四頭筋：膝の曲げ伸ばしの速度をだんだん早める。 股関節・膝関節：陸上では出来ない人でもゆっくり体を下げる ことができる。

時間	学習活動	指導上の留意点
8:20	4）有酸素運動：下肢はジョギング，ジャンプを交互に行い，ダイナミックな動作を音楽に合わせて楽しく行う。全身持久力・心肺機能の改善・筋持久力の改善。	

①ジョギング：エルボー・ベント・カール［No.7］
　　a）前4回　b）横4回　c）下4回　d）拍手8回を2回繰り返す
　　　　2回　　　　2回　　　　2回　　　　4回を4回繰り返す
　　　　1回　　　　1回　　　　1回　　　　2回を8回繰り返す

②ジャンプ
　　a）開脚8回（横で8回水をたたく）　b）閉脚8回（前で8回水をたたく）
　　　　4回　　　4回　　　　　　　　　　4回　　　4回
　　　　2回　　　2回　　　　　　　　　　2回　　　2回
　　　　1回　　　1回　　　　　　　　　　1回　　　1回

③ジョギング
　　a）右手を胸におく　　d）左手を後頭におく　　g）拍手8回
　　b）左手を胸におく　　e）右手を上に伸ばす　　h）ウォーター・ウィール8回
　　c）右手を後頭におく　f）左手を上に伸ばす　　a〜hを繰り返し，スピードを変化させる。

④ジャンプ　ワンレッグ・エルボー・ベント・カール
　　a）右足2回（右手を右横に2回）　左足2回（左手を左横に2回）
　　b）　　　　（両手を右横に2回）　　　　　（両手を左横に2回）
　　c）abを繰り返す

⑤上記①〜④の動作を，円右進行方向に進みながら行う

| 8:35 | | |

⑥ジョギング
　　a）両手を4回上に伸ばす
　　b）手と水と交互にたたく
　　c）片手で交互に2回斜め前に水を飛ばす
　　d）肘で水をたたく（8回）

時間	学習活動	指導上の留意点
8:35	⑦ジャンプ：ワンレッグ・ホップ［No.49］ 　a) 右足前で4回ジャンプ　左足後ろで4回ジャンプ 　b) 右足前で2回ジャンプ　左足後ろで2回ジャンプ 　c) 右足前で1回ジャンプ　左足後ろで1回ジャンプ ⑧ジョギング：1分間のインターバル（6秒ダッシュ・6秒ゆっくり）を4回繰り返す ⑨ジャンプ 　a) 閉ジャンプ4回 　b) ワンレッグ・ホップ左右2回 　c) aの動作で手を頭後ろ 　d) bの動作で片手でエルボー・ベント・カール［No.7］ 　e) cの動作でダウン・ヒーラー［No.42］ 　f) bの動作で両手エルボー・ベント・カール［No.7］ ⑩ジョギング 　a) 手を握り右手を右横に伸ばす 　b) 左手を左横に伸ばす 　c) 右手を右肩につける 　d) 左手を左肩につける 　e) 右手を前に伸ばす 　f) 左手を前に伸ばす 　g) cとdを繰り返す 　h) 右手を上に伸ばす 　i) 左手を上に伸ばす 　j) cとdを繰り返す 　k) 水中で2回エルボー・タッチングさせる［No.74］	
8:35	7) ストレッチング 　a) ふくらはぎ　b) 太もも　c) 大腿二頭筋　d) 殿筋　e) 大胸筋　f) 広背筋　g) 腹斜筋　h) 腕と肩　i) 上腕三頭筋	
8:40	8) ゲーム 　リレー　ボール遊び　キック板遊び　対抗戦…等楽しく盛り上がるように	
8:50	9) リラクゼーション 　二人組になり一人はキック板(2枚)に両肘とあごを乗,たリラックスした姿勢でうつ伏せに浮き，もう一人が足をもち後方に引く（ゆっくり指圧をしてあげながら）。 　a) ヘッド・トーイング［No.79］　b) フット・トーイング［No.80］　c) フラター・キック［No.52］	
9:00	退水　人数確認　総括	

（練馬区水泳連盟理事長　茨田忍氏 提供）

アクアフィットネス運動

　アクアフィットネス運動は，基本的には陸上で行われているほぼすべての運動を取り入れて行うことができる。ここに紹介したアクアフィットネス運動はほんの一部であるが，参考に自分に合った運動を様々に工夫して，楽しいアクアフィットネス運動を実践しよう。運動内容は，ウォームアップとクールダウンに適した運動，メインエクササイズに適した運動（エアロビック運動，ストレングス運動），ストレッチ運動，リラクゼーション運動，用具や器具を用いた運動，ディープ・ウォーター運動の項目に分けて示しているので，個々の目的に応じて選別して運動プログラムを作ろう。

[a] ウォームアップやクールダウンに適した運動

1― ライティング・ハンズ (Writing hands)
- **基本姿勢**：両腕を水中に入れ，水底に立つ。
- **動　作**：片手または両手で30cmの大きさの字（50音，アルファベット）を描く。
- **バリエーション**：自分の名前や住所を描いたり，字の大きさを1m大に描く。

1　ライティング・ハンズ

2― ベント・アーム・プル (Bent arm pull)
- **基本姿勢**：両腕を水中に入れ，水底に立つ。
- **動　作**：水中で一方の腕を前方に伸ばすとき，もう一方の腕を曲げながら後方へ引く。腕を前方に伸ばしたとき，水平に構える。
- **バリエーション**：前方に伸ばした腕を引き寄せるとき，クロールの手の要領で水を掻く。

2　ベント・アーム・プル

3― ストレート・アーム・プル (Straight arm pull)
- **基本姿勢**：両腕は前後に開き，両足を前後に開いて水底に立つ。
- **動　作**：腕を前後に伸ばし，左右の腕の手のひらと手の甲で水を押しながら交互に動かす。
- **バリエーション**：手のひらを広げたり、後ろから前へ戻すときは手のひらで水を押す。前後動作を水面近くまで振り上げ，動作範囲を大きくする。

3　ストレート・アーム・プル

4 ― アジテーター (Agitator)

基本姿勢：両腕を45°の方向に伸ばし，両足を肩幅に開いて立つ。
動　作：下半身を安定させ，上半身を左右交互にひねる。両手は常に体側に置く。
バリエーション：両腕を60°方向に伸ばしたり，両手を腰に置いて肘を横にして体をひねる。

4　アジテーター

5 ― アーム・サークルズ (Arm circles)

基本姿勢：両腕を水中に入れて，水底に立つ。
動　作：片腕を胸の前方に伸ばし，左右20cm程度の円を描く。
バリエーション：腕を伸ばす方向を変えたり，円の大きさを変える。両手を同時に，あるいは交互に用いて行う。

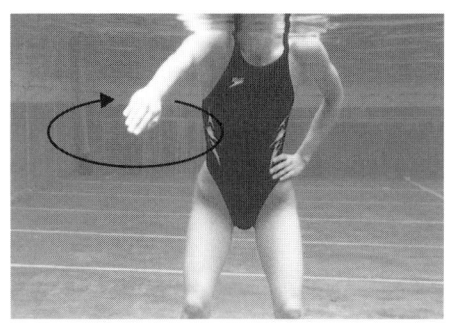

5　アーム・サークルズ

6 ― スカル・アンド・ハッグ (Scull and hug)

基本姿勢：両腕を水中前方に伸ばして水底に立つ。
動　作：手のひらを40°程度外向きにし，肩を中心に水平に後方まで掻く。続いて手のひらを内向きにして前方に向けて掻き，胸の前で交叉させて両肩を抱くように抱え込む。
バリエーション：手のひらの傾きを大きくしたり，大きく広げたり，手の甲で水を掻く。

6　スカル・アンド・ハッグ

7 ― エルボー・ベント・カール (Elbow bent curl)

基本姿勢：両腕を水中に入れて，水底に立つ。
動　作：上腕を体側に置き，肘を最大限に曲げ伸ばして手のひらで水を押す。
バリエーション：手の甲や，フロート，パルム，アクアグローブを使って行う。

7　エルボー・ベント・カール

8 — ブレスト・ストローク (Breast stroke)

基本姿勢：両腕を水中に置いて水底に立つ。
動　　作：両腕を胸の前方に伸ばし，平泳ぎの要領で水を掻く。
バリエーション：両腕の幅を広くしたり，前方に戻すとき両腕を交叉させながら戻す。

8　ブレスト・ストローク

9 — クロス・ボディ・プル (Cross body pull)

基本姿勢：両腕を水中に置いて水底に立つ。
動　　作：右手を胸の前方左方向に伸ばし，平泳ぎの要領で水を掻いて腰に置く。続いて左手を同様に右方向に伸ばして水を掻いて腰に置く。これを交互に行う。
バリエーション：手のひらを広げたり，手の甲で水を掻く。

9　クロス・ボディ・プル

10 — アーム・ペンジュラン (Arm pendulum)

基本姿勢：両腕または片腕を水中に置いて水底に立つ。
動　　作：一方の手をプールサイドあるいは腰に置き，片方の腕を肩を中心に振り子運動させる。
バリエーション：体側の位置から前後に腕を振り動かしたり，体の前を左右に動かす。また，手のひらを広げたり，手の甲で水を押す。

10　アーム・ペンジュラン

11 — スカーリング (Sculling)

基本姿勢：両手を水中に置いて水底に立つ。
動　　作：両手のひらをそれぞれ交互に外向き，内向きに40°程度傾け，左右に動かして水を押す。手を動かす幅は30〜40cmにする。
バリエーション：スカーリングを肩の横や腰の前で行う。動かす速さや手のひらの角度を大きくする。

11　スカーリング

アクアフィットネス運動　93

12 ― トラフィック・コップ (Traffic cop)

基本姿勢：体を安定させて水底に立ち，両腕を曲げ肘を体側に付けて手のひらを向き合わせる。
動　　作：左右の手がそれぞれ反対側の肘に触れるまで前腕を交叉させ，続いて左右を横に開き，これを繰り返す。
バリエーション：左右の手を同じ方向に動かしたり，肘を中心に前腕を上下方向に動かす。

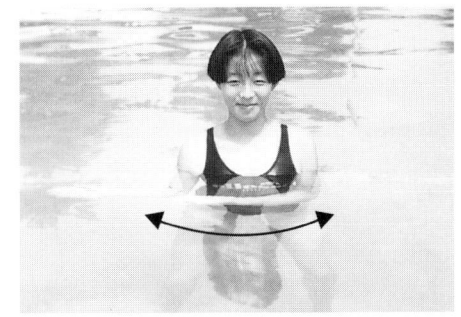

12　トラフィック・コップ

13 ― ウォーター・ウィール (Water wheel)

基本姿勢：体を安定させて水底に立ち，両手の握り拳を体の前で交叉する。
動　　作：左右の握り拳が接触しないように，体の前で回転させる。
バリエーション：左右の握り拳を反対方向に回転させたり，回転方向を小刻みに変えてみる。また，回転の大きさを変えたり，手のひらを広げて行う。

13　ウォーター・ウィール

14 ― レッグ・ペンデュラン (Leg pendulum)

基本姿勢：片方の手でプールサイドを握って水底に立つ。
動　　作：壁の反対側の脚を前後に大きく振り動かす。
バリエーション：前後の振幅を小さく速くしたり，左右の脚の振り子運動をする。

14　レッグ・ペンデュラン

15 ― ライティング・フット (Writing foot)

基本姿勢：プールサイドを背にして水底に立つ。
動　　作：片脚を持ち上げ足先で30cm程度の字（50音，アルファベット）を描く。
バリエーション：自分の名前や住所を描いたり，字の大きさを1m程度に描いてみる。また，プールサイドから離れ，両手でバランスを取りながら描いてみる。

15　ライティング・フット

16 — ボディ・ツイスト(Body twist)

基本姿勢：両手を腰に置いて水底に立つ。
動　　作：体を左右に大きく捻転させる。体を左右にひねるとき息を吸い込み，元に戻すとき息を吐き出す。
バリエーション：プールサイドを背にして水底に立ち，体を捻転させながら両手でプールサイドをつかむ。

16　ボディ・ツイスト

17 — サイド・ボディ・ストレッチ (Side body stretch)

基本姿勢：一方の手をプールサイドに置いて水底に立つ。
動　　作：片方の腕を伸ばし体側上から頭上を通して反対側に倒し，20秒間保持する。
バリエーション：プールサイドから離れ，片手を腰に置いて体側を伸ばしたり，両腕を揃えて体側を伸ばす。

17　サイド・ボディ・ストレッチ

18 — ウォーキング (Walking)

基本姿勢：両腕を体側の横に伸ばして水底に立つ。
動　　作：足先で水底を蹴り出し，膝，腰を曲げて持ち上げ，着地は脚を伸ばしてかかとから着く。腕は曲げて，水中で前後させる。
バリエーション：膝を高く持ち上げて歩行したり，腕を伸ばして前後させ，腕振りを90°以上にして歩行する。

18　ウォーキング

19 — アンクル・ウォーキング (Ankle walking)

基本姿勢：両腕を体側の横に伸ばして水底に立つ。
動　　作：つま先歩行，かかと歩行，足の内側歩行，足の外側歩行を10〜20歩ずつ交互に変えて歩行する。
バリエーション：脚を持ち上げるとき膝を高く持ち上げたり，脚を伸ばしたまま持ち上げる。

かかと歩行　　つま先歩行　　足の外側歩行　足の内側歩行

19　アンクル・ウォーキング

20 — バックワード・ウォーキング (Backward walking)

基本姿勢：両腕を体側の横に伸ばして水底に立つ。
動　作：蹴り出した後，膝，腰を曲げて後方へ運び，着地のとき脚を伸ばし足先から着いて，かかとに重心を移す。再び重心を足先に移しながら，同じ動作を繰り返す。
バリエーション：膝を高く持ち上げて後方へ運んだり，かかとをお尻に引きつけ脚を大きく後方へ運ぶ。

20　バックワード・ウォーキング

21 — サイド・ステッピング (Side stepping)

基本姿勢：両腕を水中に置いて水底に立つ。
動　作：一方の脚を伸ばして横に開き出し，もう一方の脚を揃えるように運ぶ。
バリエーション：開き出しを大きくしたり，脚と同様な腕の動作を加えてみる。左右の脚を交叉しながら足を運ぶ。

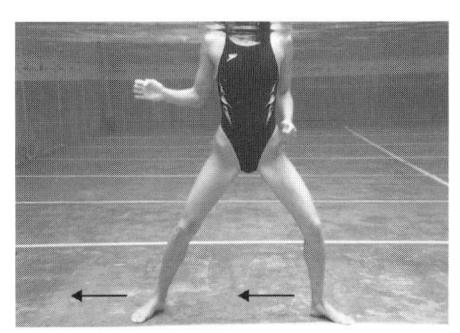

21　サイド・ステッピング

22 — クロスオーバー・ステッピング (Cross-over stepping)

基本姿勢：両腕を水中に置いて水底に立つ。
動　作：両手で体のバランスを取りながら，肩幅程度に左右の脚を交叉させながら水底を歩く。
バリエーション：左右の脚の交叉する幅を大きくしてみる。

22　クロスオーバー・ステッピング

23 — ストレート・レッグ・ウォーキング (Straight leg walking)

基本姿勢：両腕を体側横に伸ばして水底に立つ。
動　作：水底を蹴り出した脚は膝，腰を伸ばして持ち上げ，かかとから着地する。腕は，水中で歩行に合わせて前後する。
バリエーション：つま先歩行やかかと歩行をしてみる。

23　ストレート・レッグ・ウォーキング

24 — レンジ・ウォーキング (Range walking)

基本姿勢：両腕を体側の横に伸ばして水底に立つ。
動　　作：ウォーキングの要領で，歩幅を広く，水の抵抗に負けないよう勢いよく突き進む。
バリエーション：手を使って水を掻きながら進む。

24　レンジ・ウォーキング

25 — マーチング (Marching)

基本姿勢：両腕を体側の横に伸ばして水底に立つ。
動　　作：膝を90°に曲げて腰の高さまで持ち上げ，腕は水中で歩行に合わせて大きく前後する。
バリエーション：つま先歩行，かかと歩行，足裏全体を同時に使った歩行をする。

25　マーチング

26 — フォー・コーナーズ・ステップス (Four corners steps)

基本姿勢：両腕を体側の横に伸ばして水底に立つ。
動　　作：前方へ左足，右足，右真横へ右足，左足，さらに右足，左足とステップする。体を90°右転回しながら左足を進行方向に運ぶ。
バリエーション：歩数を増やしたり，逆回りをする。

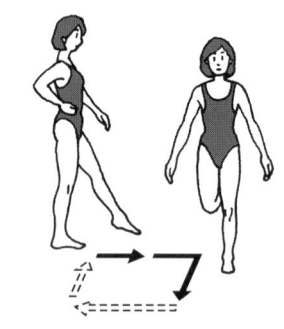

26　フォー・コーナーズ・ステップス

27 — マエ・ウエスト (Mae west)

基本姿勢：脚を前後に大きく開き，腕は体の前方に伸ばして交叉し，肩まで沈んで水底に立つ。
動　　作：手のひらを外向きにして腕を左右に開き，体の後方まで水を押す。同様に手のひらを前方に向けて水を押しながら元の位置まで押し戻す。その場を動かない。
バリエーション：手の甲で水を押す。脚幅を前後に広く開き，上体の前後動作を大きくする。

27　マエ・ウエスト

アクアフィットネス運動 97

28 — ウォール・ウォーキング (Wall walking)

基本姿勢：両手でプールサイドの縁を握り，足のうらを側壁に着ける。
動　　作：手や足をサイドステップの要領で足を側壁に着けて歩く。
バリエーション：手や足をクロスステップの要領で歩いたり，腕で側壁を引き寄せ上体を持ち上げて歩く。

28　ウォール・ウォーキング

29 — ラテラル・レイズ・ダウン (Lateral raise down)

基本姿勢：両腕を体側の横に広げて水底に立つ。
動　　作：両腕で水を下方に押し，続いて水面までゆっくり持ち上げて元の位置に戻す。
バリエーション：手の甲や手のひらで水を押す。脚を曲げ伸ばししながら行う。

29　ラテラル・レイズ・ダウン

30 — ヘッド・シュラッグ (Head shrug)

基本姿勢：両腕を腰に置いて水底に立つ。
動　　作：下半身を安定させ，上半身を左右交互にひねる。頭部を前後，左右に倒したり，左右に捻転させる。
バリエーション：両手を組んで頭部にのせてストレッチングを10秒程度を加える。

30　ヘッド・シュラッグ

31 — ヘッド・サークル (Head circle)

基本姿勢：両腕を腰に置いて水底に立つ。
動　　作：頭部を前に倒した状態を基点として，頭部を支える筋肉が最大に伸びる程度に頭部を大きく回旋させる。
バリエーション：頭部回旋の基点を後方や側方に変えたり，2回旋したら基点でストレッチングを10秒程度加える。

31　ヘッド・サークル

32 — ショルダー・シュラッグ (Shoulder shrug)

基本姿勢：両腕を腰に置いて水底に立つ。
動　作：肩を同時あるいは交互に上下させたり，前後させる。
バリエーション：両手を体側に置き，同様な運動をする。

図32　ショルダー・シュラッグ

33 — ショルダー・ロール (Shoulder roll)

基本姿勢：両腕を45°の方向に伸ばし，両足を肩幅に開いて立つ。
動　作：肩を前方や後方へ回旋させる。
バリエーション：両肩を左右交互に行う。

図33　ショルダー・ロール

34 — クワック・エルボー (Quack elbow)

基本姿勢：両脚を前後に開き，両手を腰に置いて肩まで沈んで水底に立つ。
動　作：両腕の肘を前後させ，胸や背中を交互に反る。
バリエーション：水中歩行しながら前後させたり，速く動かす。

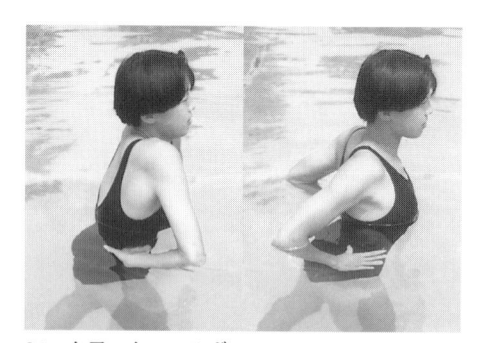

図34　クワック・エルボー

35 — ペルビック・ムーブメント (Pelbic movement)

基本姿勢：両腕を横へ伸ばしてプールサイドを持ち，水底に立つ。
動　作：腰を前後，左右に動かす。
バリエーション：膝を左右交互に持ち上げたり，左右に動かして体をひねる。

図35　ペルビック・ムーブメント

アクアフィットネス運動　99

36 — ヒップ・サークル (Hip circle)

基本姿勢：両腕を腰に置いて水底に立つ。
動　作：腰を右回旋や左回旋させる。
バリエーション：腰を側方と前方に伸ばしたとき，10秒間程度のストレッチを加える。

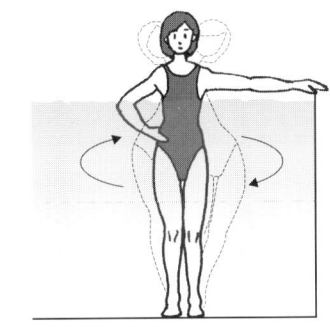

36　ヒップ・サークル

37 — ヒップ・タッチング (Hip touching)

基本姿勢：片手でプールサイドをつかみ，両足をそろえて水底に立つ。
動　作：下半身を動かさず，腰をプール側壁に着ける。
バリエーション：足の位置を側壁から少しずつ離して行う。

37　ヒップ・タッチング

[b] メインエクササイズに適した運動
◎エアロビック運動

38 — ジョギング (Jogging)

基本姿勢：両腕を水中に置いて水底に立つ。
動　作：上体を起こし，腰，膝，足首をしっかり曲げてその場かけ足をする。
バリエーション：かけ足のピッチを速めたり，前進や後進走行する。

38　ジョギング

39 — ホイール・ジョギング (Wheel jogging)

基本姿勢：チューブやフロートベルトを利用して体を垂直に浮かせる。
動　作：上体を起こし，自転車をこぐ要領で左右の脚を交互に回転させる。
バリエーション：回転の大きさを変えたり，逆回転をする。

39　ホイール・ジョギング

40 — ジャンピング・レッグ・アブダクション (Jumping leg abduction)

基本姿勢：両腕を水中に置いて水底に立つ。
動　　作：ジャンプをしながら両脚を左右に開き，着地の時には閉じる。
バリエーション：反復速度を増したり，左右に大きく開いてみる。

40　ジャンピング・レッグ・アブダクション

41 — ジャンピング・レッグ・アダクション (Jumping leg adduction)

基本姿勢：両腕を水中に置いて水底に立つ。
動　　作：ジャンプをしながら両脚を揃え，そして左右に開いて着地する。
バリエーション：反復速度を増したり，左右に大きく開く。

41　ジャンピング・レッグ・アダクション

42 — ダウン・ヒーラー (Down hiller)

基本姿勢：両腕を水中に置いて水底に立つ。
動　　作：ジャンプしながら両膝を同時引き寄せ，伸ばして立つ。左右方向を交互に行う。
バリエーション：反復速度を増したり，両膝を高く引き寄せてみる。

42　ダウン・ヒーラー

43 — ロール・ボディ・ジャンプ (Roll body jump)

基本姿勢：両腕を水中に置き，両脚を揃えて水底に立つ。
動　　作：ジャンプをしながら，体を回転させる。
バリエーション：体を左右に90°，180°，360°交互に回転してみる。

43　ロール・ボディ・ジャンプ

44 — ジャンピング・コースライン (Jumping course-line)

基本姿勢：両腕を水中に置き，両脚をコースラインの片側に揃えて水底に立つ。
動　　作：ジャンプしながら両足を引き寄せ，コースラインの反対側に伸ばして立つ。
バリエーション：反復速度を増したり，左右のジャンプ幅を広くする。

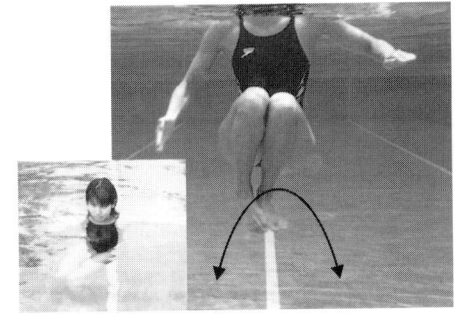

44　ジャンピング・コースライン

45 — トランク・ツイスト・ジャンプ (Trunk twist jump)

基本姿勢：両腕を水中に置き，両脚を揃えて水底に立つ。
動　　作：軽くジャンプをしながら，両手を使って下半身を左右交互に捻転する。
バリエーション：反復速度を増したり，片脚で交互に行う。

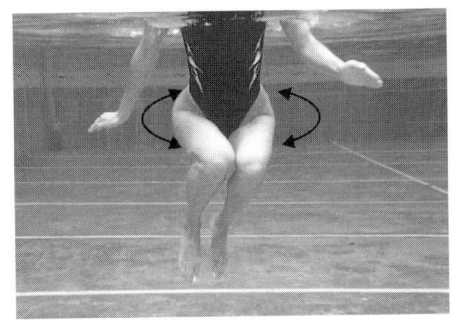

45　トランク・ツイスト・ジャンプ

46 — ヒール・タッチング (Heel touching)

基本姿勢：両腕を水中に置いて水底に立つ。
動　　作：軽くジャンプをしながら体の後方で右（左）手と右（左）かかとを接触する。
バリエーション：反復速度を増したり，接触する側の手と足を変えて行う。

46　ヒール・タッチング

47 — ホッピング (Hopping)

基本姿勢：水面下を前方に両腕を伸ばして水底に立つ。
動　　作：両手を使わないで両脚跳びで前進する。
バリエーション：両手で水を押しながら両脚跳びで前進や後進する。

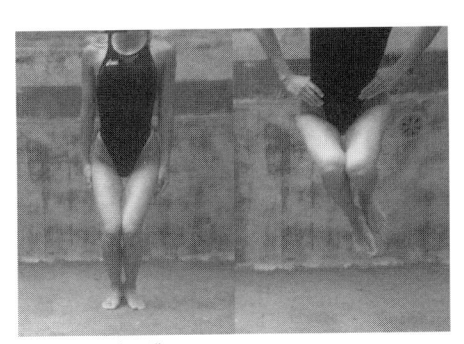

47　ホッピング

48 — ジャンピング・ジャックス (Jumping jacks)

基本姿勢：両腕を体側に沿って伸ばし，両脚を肩幅に開いて水底に立つ。

動　作：ジャンプと同時に両脚両腕を左右に大きく開き出す。

バリエーション：両脚両腕を左右に広げたままジャンプをする。反復速度を増す。

48　ジャンピング・ジャックス

49 — ワンレッグ・ホップ (One-leg hop)

基本姿勢：両腕を水中に置いて水底に立つ。

動　作：両手で体を安定させ，片脚ジャンプを一定の時間あるいは回数を繰り返す。

バリエーション：片脚ジャンプで前後，左右に移動したり，体を回転させる。

49　ワンレッグ・ホップ

50 — シザーズ・ジャンプ (Scissors jump)

基本姿勢：両手を腰に置いて水底に立つ。

動　作：ジャンプをしながら両脚を左右に交叉する。左右の脚は一回毎に前後させる。

バリエーション：ジャンプをしながら同じ側の肘と膝を接触させる。

50　シザーズ・ジャンプ

51 — エルボー・タッチング・ニー (Elbow touching knee)

基本姿勢：両腕を90°程度に曲げて水底に立つ。

動　作：軽くジャンプをしながら，右（左）肘と左（右）膝を接触させる。

バリエーション：ジャンプをしながら両脚を前後に交叉させたり，腕の交叉を加える。

51　エルボー・タッチング・ニー

52 ― フラター・キック (Flutter kick)

基本姿勢：両腕を伸ばし，両手でプールサイドの縁を握って体を水平に浮かせる。
動　作：クロールのばた足の要領で，両脚を上下交互に動かす。
バリエーション：ドルフィンキックや背面キックをする。キックボードを持って進んだり，垂直に浮いてキックする。

52　フラター・キック

◎ストレングス運動

53 ― スクワット (Squat)

基本姿勢：両腕を左右に伸ばして両手でプールサイドの縁につかまり，両足を肩幅に開いて立つ。
動　作：上体を垂直に起こし，膝が120°程度曲がるまで腰を落としてから立ち上がる。
バリエーション：膝を90°程度に曲げたり，プールサイドから手を離し，両手を左右に広げて行う。

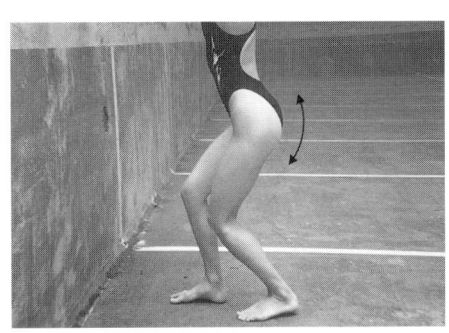

53　スクワット

54 ― ワンレッグ・スクワット (One-leg squat)

基本姿勢：両腕を左右に伸ばして両手でプールサイドの縁につかまり，両足を肩幅に開いて立つ。
動　作：上体を垂直に起こし，片足立ちになり，その脚の膝が120°程度曲がるよう腰を落としてから立ち上がる。
バリエーション：片手で膝を抱えたり，つま先を持ってかかとをお尻に引き寄せて行う。

54　ワンレッグ・スクワット

55 ― ステップ・アップ (Step up)

基本姿勢：両腕を水中に置いて水底に立つ。
動　作：踏み台昇降の要領で行う。「1，2」で上がり，「3，4」で下りる。
バリエーション：後ろ向きでステップアップしたり，両脚揃えてジャンプアップする。

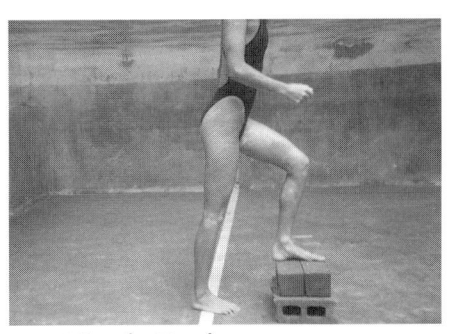

55　ステップ・アップ

56 — プッシュ・オフ (Push off)

基本姿勢：両腕を肩幅に伸ばしてプールサイドの縁につかまり，両足を側壁から離れたところに置いて体を斜めに倒して立つ。
動　作：腕立ての要領で腕の曲げ伸ばしを行う。
バリエーション：両脚の位置を側壁からもっと離して行う。

56　プッシュ・オフ

57 — プッシュ・アップ (Push up)

基本姿勢：両手をプールサイドに置いて水底に立つ。
動　作：両手でプールサイドを下方に押しながら上体を水面上に出す。
バリエーション：最初は両脚を蹴り出すが，徐々に両腕の力だけで上体を持ち上げる。

57　プッシュ・アップ

58 — リアー・プッシュ・アップ (Rear push up)

基本姿勢：プールサイドを背にして水底に立ち，両手をプールサイドの縁に置く。
動　作：両脚で軽くジャンプしながら両手でプールサイドを押し，上体を水面上に出してプールサイドに腰掛ける。
バリエーション：徐々にジャンプをなくして，両腕の力だけで上体を持ち上げる。

58　リアー・プッシュ・アップ

59 — シット・アップ (Sit up)

基本姿勢：プールサイドを背にして水底に立ち，両腕を左右に伸ばして両手でプールサイドの縁を握る。
動　作：両脚を浮かせ，膝を曲げて胸の方に引き寄せる。
バリエーション：プールのコーナーを利用するとバリエーションが広がる。両膝を左右に振る。

59　シット・アップ

[C] ストレッチ運動

60 — アーム・ストレッチ (Arm stretch)

基本姿勢：プールサイドを背にして立ち，片腕を伸ばしてプールサイドの縁につかまる。

動　作：伸ばした腕側の肩を中心に体を外向き（伸ばした手を反対向き）に開き，20〜30秒程度保持する。

バリエーション：両手をプールサイドにかけ体を徐々に沈ませたり，左右の手を接近して20〜30秒程度保持する。

60　アーム・ストレッチ

61 — バレーレッグ・ストレッチ (Ballet-leg stretch)

基本姿勢：プールサイドの縁につかまり，両脚を揃えてプールサイドと垂直向きに立つ。

動　作：壁側の脚で立ち，反対側の手で足を前方や側方に腰の高さまで持ち上げる。

バリエーション：最初は持ち上げた膝が曲がっていてもよいが，徐々に伸ばしていく。できれば腰の高さ以上に持ち上げる。

61　バレーレッグ・ストレッチ

62 — ベント・ニー・ローテーション (Bent-knee rotation)

基本姿勢：一方の手でプールサイドを持ち，もう一方の手を腰に置いて，プールサイドを側方にして立つ。

動　作：片膝を90°に曲げて持ち上げ，股関節を中心に持ち上げた膝を左右に回転させる。

バリエーション：持ち上げた足をもう一方の膝に当てて反復回数を増す。

62　ベント・ニー・ローテーション

63 — レッグ・ストレッチ (Leg stretch)

基本姿勢：両手でプールサイドをつかみ，両脚を左右に開いて側壁におく。

動　作：上体を起こし，一方の脚を曲げて片方の脚を横に踏み出し，左右の脚を交互に行う。

バリエーション：両足を左右に広げて伸ばし側壁に付ける。

63　レッグ・ストレッチ

64 — フット・ローテーション (Foot rotation)

基本姿勢：プールサイドに腰をかけ，両手でプールの縁につかまり上体を安定させる。
動　　作：膝を中心に足を左右交互あるいは同時に外向きに回す。
バリエーション：膝を中心にかかとを内向きに回す。

64　フット・ローテーション

65 — クワッドリセプス・ストレッチ (Quadriceps stretch)

基本姿勢：片手でプールサイドにつかまり，プールサイドと垂直向きに立つ。
動　　作：壁側の脚で立ち，反対側の脚を後方に曲げて足先をつかみかかとがお尻につくように引き寄せる。
バリエーション：膝を後方に押し出し，体が反る程度に伸ばす。

65　クワッドリセプス・ストレッチ

66 — サイ・エクステンション (Thigh extension)

基本姿勢：両手でプールサイドにつかまり，壁に胸を着けて水底に立つ。
動　　作：足首にフロートを着けて体を反る程度に後方に引く。
バリエーション：足首に着けた浮力を大きくしたり，体が反った時膝の曲げ伸ばしをする。

66　サイ・エクステンション

67 — ハムストリング・ストレッチ (Hamstring stretch)

基本姿勢：プールサイドを背にして立つ。
動　　作：片膝を腰の高さに持ち上げ，膝を中心に足を上下に脚の曲げ伸ばしをする。
バリエーション：足首にフロートを着けて行う。

67　ハムストリング・ストレッチ

68 — カーフ・ストレッチ (Calf stretch)

基本姿勢：両手でプールサイドにつかまり，両足を前後に大きく開いて水底に立つ。
動　　作：一方の足うらを側壁に着けて，腓腹筋を伸ばす。
バリエーション：同時に後方に伸ばしたもう一方の腓腹筋を伸ばす。

68　カーフ・ストレッチ

69 — シン・ストレッチ (Shin stretch)

基本姿勢：両手でプールサイドにつかまり、両足を前後に大きく開いて水底に立つ。
動　　作：一方の脚を後方に伸ばし，足甲を水底に置いて脛骨筋を伸ばす。
バリエーション：左右交互におよそ20〜30秒程度伸ばす。

69　シン・ストレッチ

70 — アキレス・ストレッチ (Achilles stretch)

基本姿勢：両手でプールサイドにつかまり，両足を大きく開いて水底に立つ。
動　　作：上体を起こし，前脚を徐々に曲げて後脚のアキレス腱を伸ばす。
バリエーション：左右交互におよそ20〜30秒程度伸ばす。

70　アキレス・ストレッチ

71 — アンクル・ストレッチ (Ankle stretch)

基本姿勢：プールサイドを背にして両腕を水中に置き，両脚を揃えて水底に立つ。
動　　作：一方の脚を伸ばして持ち上げ，足底屈，足背屈をして足首を伸ばす。
バリエーション：足先を外向き，内向きにして足首を伸ばす。

71　アンクル・ストレッチ

72 — トラペティウス・ストレッチ (Trappetius stretch)

基本姿勢：両腕を水面上に置いて水底に立つ。
動　　作：両手を揃えて肩の高さで前方に伸ばす。
バリエーション：伸ばす方向を水平に対して上下，左右方向に変えたり，伸ばしているとき頭部を前屈させる。

72　トラペティウス・ストレッチ

73 — ブレスト・ストレッチ (Breast strtetch)

基本姿勢：プールサイドを背に両腕をプールサイドの縁に沿って置き，両足は揃えて壁に置く。
動　　作：胸をせり出すようにして10〜20秒程度保持する。
バリエーション：胸を左右交互に前方へ出したり，体側へせり出してみる。

73　ブレスト・ストレッチ

74 — エルボー・タッチング (Elbow toutching)

基本姿勢：両手を肩に当てて水底に立つ。
動　　作：両肘を接触させたり，左右に開く。
バリエーション：反復速度を増したり，接触する時間を長くとる。

74　エルボー・タッチング

75 — クロス・チェスト・ストレッチ (Cross chest stretch)

基本姿勢：体を安定させて水底に立つ。
動　　作：右手を腰に置き，手のひらを下向きに左腕を右方向に伸ばす。これを左右交互に行う。
バリエーション：腕を伸ばす方向を，斜め上，水平，斜め下向きに伸ばす。手のひらを上向きにして行う。

75　クロス・チェスト・ストレッチ

76 — クロス・ショルダー・ストレッチ (Cross shoulder stretch)

基本姿勢：両腕を水中に置いて水底に立つ。
動　　作：一方の腕を肩の高さに持ち上げ反対側の肩に引き寄せる。もう一方の腕で水平に上げた腕をさらに引き寄せる。
バリエーション：腕を引き寄せる時間を長くする。

76　クロス・ショルダー・ストレッチ

77 — プル・バック (Pull back)

基本姿勢：両腕を水中に置いて水底に立つ。
動　　作：両手を腰の後方で握って水面上に持ち上げる。
バリエーション：プールサイドを背にして両手で縁につかまり，腰を水中深く沈める。

77　プル・バック

78 — トリセプス・ストレッチ (Triceps stretch)

基本姿勢：両腕を水中に置いて水底に立つ。
動　　作：一方の腕を曲げて手先を上方から背骨に当て，もう一方の手で曲げた腕の肘を内側に引き寄せる。このとき，手先が背骨から離れないようにする。
バリエーション：肘が後頭部にくるまで引き寄せたり，引き寄せる時間を10秒〜30秒程度にする。

78　トリセプス・ストレッチ

[d] リラクゼーション運動

79 — ヘッド・トーイング (Head towing)

基本姿勢：両腕は体側に置き両脚を揃えて水底に立ち，膝を曲げて顎が水面に接するところまで静かに体を沈める。
動　　作：補助者に頭部を支えてもらい，水面上を頭頂方向へ牽引してもらう。
バリエーション：牽引されるとき，頭部を左右に振り動かして体を左右にうねらせたり，曲線的に牽引してもらう。

79　ヘッド・トーイング

80 — フット・トーイング (Foot towing)

- **基本姿勢**：両腕は体側に置き両脚を揃えて水底に立ち，膝を曲げて顎が水面に接するところまで静かに体を沈める。
- **動　作**：補助者に両足首を支えてもらい，水面上を脚方向へ牽引してもらう。
- **バリエーション**：牽引されるとき，両足首を左右に振り動かして体を左右にうねらせたり，曲線的に牽引してもらう。

80　フット・トーイング

81 — スパイン・フロート (Supine float)

- **基本姿勢**：両脚を揃えて水底に立ち，両腕を左右方向へ静かに開き出しながら下半身を水面に浮かせる。
- **動　作**：両手両足首にフロートを着けるなどして上向きに体をリラックスさせて浮く。
- **バリエーション**：体が浮きやすい者はフロートを取り外し，浮きにくい者はフロートを大きくする。

81　スパイン・フロート

82 — バーティカル・フロート (Virtical float)

- **基本姿勢**：フロートベルト等を体につけたり，左右に広げた手にキックボードを持って水底に立つ。
- **動　作**：体を垂直にして両足を水底から静かに離して浮く。
- **バリエーション**：フロートを大きくし，足首や腰にウェイトを取り付けて体を伸ばす。

82　バーティカル・フロート

83 — フローティング・ボディ・ツイスト (Floating body twist)

- **基本姿勢**：フロートベルト等を体につけ，左右に広げた両手にキックボードを持って水底に立つ。
- **動　作**：体を垂直にして両足を水底から静かに離し，体を左右に捻転させる。
- **バリエーション**：膝を90°程度に曲げ，膝と上半身を左右反対側に回して体を捻転させる。

83　フローティング・ボディ・ツイスト

84 — フローティング・ラテラル・フレクション(Floating lateral flection)

- **基本姿勢**：浮き輪を両脇にはさんだり，左右に広げた手にキックボードを持って水底に立つ．
- **動　作**：体を垂直にして両足を水底から静かに離し，両脚を伸ばして左右に振り動かす．
- **バリエーション**：膝を90°程度曲げて膝を左右に振り動かす．

84　フローティング・ラテラル・フレクション

[e] 用具や器具を用いた運動

85 — テザード・スイム (Tethered swim)

- **基本姿勢**：ストレッチゴムを腰に付け，プールサイドから3〜5m離れたところに両腕を水中に入れて立つ．
- **動　作**：端をプールサイドに結んだストレッチゴムを腰に付け，ストレッチゴムの弾力性を利用して水中を泳ぐ．
- **バリエーション**：その場泳ぎ，レジステッド泳（ゴムが伸びる方向に泳ぐ），アシステッド泳（ゴムが縮む方向に泳ぐ）を行う．

85　テザード・スイム

86 — テザード・ウォーキング (Tethered walking)

- **基本姿勢**：ストレッチゴムを腰に付け，プールサイドから3〜5m離れたところに両腕を水中に入れて立つ．
- **動　作**：端をプールサイドに結んだストレッチゴムを腰に付け，ストレッチゴムの弾力性を利用して水中を歩く．
- **バリエーション**：その場足踏み，レジステッド歩行（ゴムが伸びる方向に歩く），アシステッド歩行（ゴムが縮む方向に歩く）を行う．

86　テザード・ウォーキング

87 — テザード・ジョギング (Tethered jogging)

- **基本姿勢**：ストレッチゴムを腰に付け，プールサイドから3〜5m離れたところに両腕を水中に入れて立つ．
- **動　作**：端をプールサイドに結んだストレッチゴムを腰に付け，ストレッチゴムの弾力性を利用して水中を走る．
- **バリエーション**：その場かけ足，レジステッド走（ゴムが伸びる方向に走る），アシステッド走（ゴムが縮む方向に走る）を行う．

87　テザード・ジョギング

88 — キックボード・プレス (Kick-board press)

- 基本姿勢：両腕を水中に入れて水底に立つ。
- 動　　作：両手でキックボードの両端を持ち，水面から下方にキックボードを水平に押し沈める。
- バリエーション：反復速度を速くしたり，キックボードの大きさを変えて負荷を大きくする。

88　キックボード・プレス

89 — レジスティブ・トランク・ツイスト (Resistive trunk twist)

- 基本姿勢：一方の腕でキックボードをかかえ，もう一方の腕を腰に置いて水底に立つ。
- 動　　作：キックボードに水の抵抗が加わるように手でキックボードを左右に振り動かす。
- バリエーション：キックボードを水中に入れる割合を大きくしたり，体のひねりを加えて，抵抗を大きくする。

89　レジスティブ・トランク・ツイスト

90 — キックボード・アラウンド・ボディ (Kick-board around the body)

- 基本姿勢：両腕でキックボードを沈めて水底に立つ。
- 動　　作：両手でキックボードを水中に沈め，浮き出ないように体の周りを左右に回す。
- バリエーション：キックボードを水中に入れる割合を大きくしたり，浮力の異なるキックボードを用いて抵抗負荷を加える。

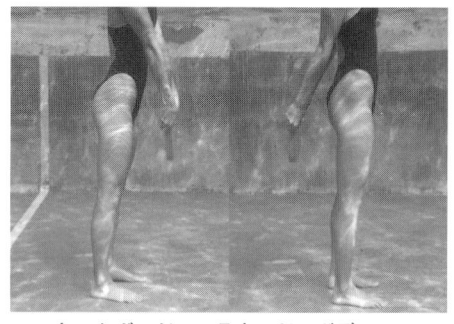

90　キックボード・アラウンド・ボディ

91 — キックボード・プッシュ・アンド・プル (Kick-board push and pull)

- 基本姿勢：両腕でキックボードを持って水底に立つ。
- 動　　作：両手でキックボードの両端を持ち，胸の前から前方にキックボードを押したり引き寄せたりする。
- バリエーション：キックボードを水中に入れる割合を大きくして負荷抵抗を加える。

91　キックボード・プッシュ・アンド・プル

アクアフィットネス運動113

92 ― キックボード・ウォーターフォール (Kick-board waterfall)

- **基本姿勢**：両腕でキックボードを持って水底に立つ。
- **動　　作**：両手でキックボードの両端を持って水中に沈め、キックボードを水平にしたまま一気に頭上まで持ち上げる。
- **バリエーション**：キックボードの大きさを変えたり、反復速度を速くして負荷を増す。

92　キックボード・ウォーターフォール

93 ― キックボード・シット (Kick-board sit)

- **基本姿勢**：両腕でキックボードを持って水底に立つ。
- **動　　作**：体の後方でキックボードの両端を両手で持ち、お尻の下まで沈めて静かに腰を下ろしてすわる。その後、両手のひらでバランスをとって浮く。
- **バリエーション**：浮いた状態で、両手を使って体を左右回転させたり、前後移動をしてみる。

93　キックボード・シット

94 ― ダブルボード・プレス (Double boards press)

- **基本姿勢**：両腕にそれぞれキックボードを持って水底に立つ。
- **動　　作**：キックボードを左右の脇に抱え、キックボードの端を持って水面左右に広げる。両手でキックボードを腰まで押し込み、その後それぞれ持ち上げながら水面に浮かせる。
- **バリエーション**：キックボードの大きさを変えたり、腰におもりを付けて行う。

94　ダブルボード・プレス

95 ― フロート・ラテラル・レイズ・ダウン (Float lateral raise and down)

- **基本姿勢**：両手でフロートを持ち、両腕を左右に開いて水底に立つ。
- **動　　作**：水の浮力や抵抗に抗しながら両腕を下方に押し、その後水面上まで静かに持ちあげ、元の位置に戻す。
- **バリエーション**：フロートの大きさを変えたり、フロートの取り付け位置を変えて負荷を増す。

95　フロート・ラテラル・レイズ・ダウン

96 — フロート・プレス・ダウン (Float press down)

基本姿勢：両手にフロートやボールを持って水底に立つ。
動　作：水面上のフロートを両腕が伸びきるまで下方に押し沈める。
バリエーション：フロートの大きさを変えたり，押し沈める速さや回数を増やす。

96　フロート・プレス・ダウン

97 — フロート・リスト・エクササイズ (Float wrist exercise)

基本姿勢：一方の手にフロートを持って水底に立つ。
動　作：一方の手でフロートを持ち，もう一方の手でフロートを持った前腕を支えて手掌屈，手背屈，手側屈をして手首を伸ばす。
バリエーション：フロートの大きさを変えたり，運動速度や回数を増やす。

97　フロート・リスト・エクササイズ

98 — フロート・ニー・ベント (Float knee bent)

基本姿勢：片脚にフロートを付けて水底に立つ。
動　作：両手をプールサイドに置き，片脚を伸ばして浮かせ，膝を曲げ伸ばしする。
バリエーション：両脇にキックボードを挟み，両足首にフロートを付けて，曲げ伸ばしする。

98　フロート・ニー・ベント

99 — フロート・レッグ・リフト (Float leg lift)

基本姿勢：両腕にキックボードを持って水底に立つ。
動　作：両手を左右に開き体を浮かせる。両脚を曲げたり伸ばしたりする。
バリエーション：両脚をひねったり，引っぱってもらう。

99　フロート・レッグ・リフト

アクアフィットネス運動115

100 — グローブ・アーム・スカル (Grab arm scull)

基本姿勢：両手にアクアグローブを着けて水底に立つ。

動　　作：両腕を体の前方に伸ばし，手のひらを40°程度傾けて左右外向きに水を押し，続いて手のひらを内向きに水を押す。スカーリングの幅は，30～40cm程度にする。

バリエーション：スカーリングを側方や下方でしてみる。動かす速さや手のひらの角度を大きくして抵抗を増す。

100　グローブ・アーム・スカル

101 — グローブ・アジテーター (Grab agitator)

基本姿勢：肩の深さまで水に入り両腕を45°下方に伸ばし，両足を肩幅に開いて立つ。

動　　作：下半身を安定させて上半身を左右交互にひねる。両手にアクアグローブを着け体側の横に置く。

バリエーション：両腕を60°や90°下方に伸ばす。

101.　グローブ・アジテーター

102 — グローブ・マエ・ウエスト (Grab mae west)

基本姿勢：両腕を体の前で交叉させて水中に置き，両脚を前後に開いて立つ。

動　　作：両手にアクアグローブをつけ，体重を後ろ足にかけながら両腕を水平後方に運ぶ。続いて，体重を前足にかけながら両腕を水平前方に運ぶ。

バリエーション：両脚の幅を変えて腕の動かす範囲を大きくしたり小さくする。また，腕を動作を速くする。

102　グローブ・マエ・ウエスト

103 — パルム・アーム・スカル (Palm arm scull)

基本姿勢：両手にパルムを着けて水底に立つ。

動　　作：両腕を体の前方に伸ばし，手のひらを40°程度傾けて左右外向きに水を押し，続いて手のひらを内向きに水を押す。スカーリングの幅は，30～40cm程度にする。

バリエーション：スカーリングを側方や下方でしてみる。動かす速さや手のひらの角度を大きくして抵抗を増す。

103　パルム・アーム・スカル

104 — パルム・アジテーター (Palm agitator)

基本姿勢：肩の深さまで水に入り，両腕を45°下方に伸ばし，両足を肩幅に開いて立つ。

動　作：下半身を安定させて上半身を左右交互にひねる。両手にパルムを着け体側の横に置く。

バリエーション：両腕を60°や90°下方に伸ばす。

104　パルム・アジテーター

105 — パルム・マエ・ウエスト (Palm mae west)

基本姿勢：両腕を体の前で交叉させて水中に置き，両脚を前後に開いて立つ。

動　作：両手にパルムを着け，体重を後ろ足にかけながら両腕を水平後方に運ぶ。続いて，体重を前足にかけながら両腕を水平前方に運ぶ。

バリエーション：両脚の幅を変えて腕の動かす範囲を大きくしたり小さくする。また，腕の動作を速くする。

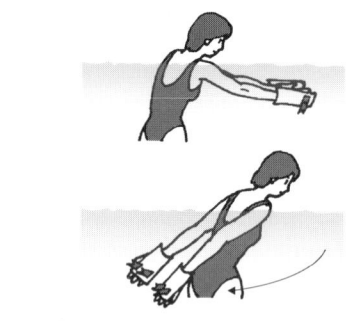

105　パルム・マエ・ウエスト

[f] ディープ・ウォーター運動

106 — サイクリング（自転車こぎ）(Cycling)

基本姿勢：フロートベルトを装着し，両腕両脚を伸ばし上体を起こして水中に浮く。

動　作：一輪車をこぐ要領で，両脚を交互に足うらで水を踏む。

バリエーション：回転速度を速めたり，逆回転をする。

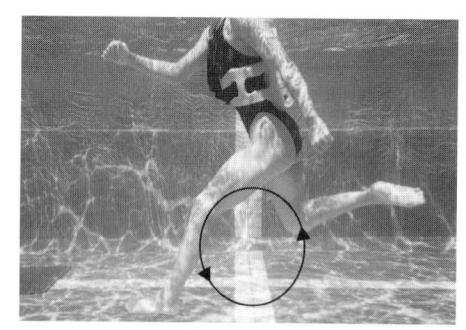

106　サイクリング

107 — シーテッド・サイクリング (Seated cycling)

基本姿勢：フロートベルトを装着し，両腕両脚を伸ばし上体を起こして水中に浮く。

動　作：上体を垂直に保ち，腰を90°程度曲げて自転車こぎの要領で両脚を交互に足うらで水を踏む。

バリエーション：回転速度を速めたり，逆回転をする。

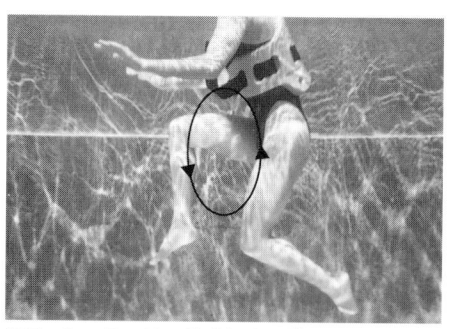

107　シーテッド・サイクリング

108 ― レッグ・シザーズ・クロス (Leg scissors cross)

基本姿勢：フロートベルトを装着し，両腕両脚を伸ばし上体を起こして水中に浮く。

動　　作：上体を垂直に保ち，左右の脚を開閉したり交叉する。

バリエーション：左右の脚を連続的に交叉したり，両脚を開いて水をけり上げる。

108　レッグ・シザーズ・クロス

109 ― ランニング (Running)

基本姿勢：フロートベルトを装着し，両腕両脚を伸ばし上体を起こして水中に浮く。

動　　作：左右の足を交互にかけ出す。両腕は90°程度に曲げ，脚に合わせて交互に前後する。

バリエーション：反復速度や反復回数を増す。

109　ランニング

110 ― ニー・ベント (Knee bent)

基本姿勢：フロートベルトを装着し，両腕両脚を伸ばし上体を起こして水に浮く。

動　　作：両かかとを揃えてお尻に引き寄せ，膝を曲げながら腰の方へ引き寄せる。両手は常に体側に置く。

バリエーション：片足ずつ交互に行ったり，腰をひねるように膝を斜めに引き寄せる。膝を曲げるとき腰も曲げてみる。

110　ニー・ベント

111 ― ウォーター・プッシュ (Water push)

基本姿勢：フロートベルトを装着し，両腕両脚を伸ばし上体を起こして水中に浮く。

動　　作：手先を水面上に出し，手のひらで水を前方に押し出す。

バリエーション：前方から真横に向けてあらゆる角度に水を押し出す。

111　ウォーター・プッシュ

[運動名さくいん]

※運動名の後ろの番号は，巻末「アクアフィットネス運動」における番号である。
※太字は巻末「アクアフィットネス運動」のページを示す。
※矢印は関連する運動を示す。

<あ行>

アーム・サークルズ[No.5]	29 **91**
アーム・ストレッチ[No.60]	28 29 **105**
アーム・ペンジュラン[No.10]	29 69 **92**
アームリフト・アンド・プレス	57 60
アキレス・ストレッチ[No.70]	57 60 61 68 **107**
アクアビックエクササイズ	47
	→エアロビック運動
アジテーター[No.4]	28 57 60 **91**
歩く	39
	→ウォーキング
アンクル・ウォーキング[No.19]	45 47 57 60 61 66 **94**
アンクル・ストレッチ[No.71]	36 68 **107**
	→足底屈, 足背屈
イルカ跳び	44 54
ウォーキング[No.18]	28 29 42 45 47 57 60 61 65 66 71 73 75 86 87 **94**
	→水中歩行
	→歩行動作
ウォーター・ウィール[No.13]	35 86 88 **93**
ウォーター・プッシュ[No.111]	45 **117**
ウォール・ウォーキング[No.28]	29 45 **97**
エアロビック運動	47 57 60 **99**
エルボー・タッチング[No.74]	68 89 **108**
エルボー・タッチング・ニー[No.51]	39 47 57 60 65 69 87 **102**
	→捻転
エルボー・ベント・カール[No.7]	69 88 89 **91**
大股歩き	53
	→レンジ・ウォーキング
親子でメリーゴーラウンド	53

<か行>

カーフ・ストレッチ[No.68]	29 57 60 68 **107**
回外	17
外旋	17 33
外転	16 33
回内	17
片足バランス	39
肩回し	34
がに股ジャンプで横歩き	37
	→ジャンピング・ジャックス
	→シザーズ・ジャンプ
関節運動	15
汽車ぽっぽ競争	58
キック	37
キック板――	39 86 89
キックボード・アラウンド・ボディ[No.90]	69 86 **112**
キックボード・ウォーターフォール[No.92]	69 86 **113**
キックボード・シット[No.93]	69 **113**
キックボード・プッシュ・アンド・プル[No.91]	29 69 86 **112**
キックボード・プレス[No.88]	69 86 **112**
騎馬リレー	70
胸郭ストレッチング	55
	→マエ・ウエスト
屈曲	15 33
クラゲ浮き	44
グローブ・アーム・スカル[No.100]	69 **115**
グローブ・アジテーター[No.101]	69 **115**
グローブ・マエ・ウエスト[No.102]	69 **115**
クロス・ショルダー・ストレッチ[No.76]	28 29 57 60 68 86 **109**
クロス・チェスト・ストレッチ[No.75]	57 60 68 **108**
クロス・ボディ・プル[No.9]	69 **92**

クロスオーバー・ステッピング[No.22]	61 65 71 72 74 87 **95**
クロスカントリースキー	47
クワック・エルボー[No.34]	**98**
クワッドリセプス・ストレッチ[No.65]	57 60 68 86 **106**
ゲーム	58 70
後屈	38
後方回転	54
コンビネーション	28 29

<さ行>

サイ・エクステンション[No.66]	57 60 68 75 **106**
サイクリング[No.106]	45 47 **116**
サイド・ステッピング[No.21]	29 37 45 57 60 61 65 66 71 73 75 86 87 **95**
	→横歩き
サイド・ボディ・ストレッチ[No.17]	29 57 60 61 68 75 **94**
逆立ち	54
シザーズ・クロス	58 60
	→レッグ・シザーズ・クロス
シザーズ・ジャンプ[No.50]	37 45 47 57 69 **102**
支持	14
シーテッド・サイクリング[No.107]	45 70 **116**
シット・アップ[No.59]	29 69 70 72 73 87 **104**
ジャンピング・コースライン[No.44]	28 29 45 47 57 60 69 70 **101**
ジャンピング・ジャックス[No.48]	37 45 47 57 60 69 **102**
ジャンピング・レッグ・アダクション[No.41]	45 47 57 60 69 86 **100**
ジャンピング・レッグ・アブダクション[No.40]	29 45 47 57 60 69 86 **100**
ジャンプ	39 42 88
手掌屈	16 33
手背屈	16 33
ジョギング[No.38]	28 29 42 45 47 57 60 69 88 **99**
	→走行動作
ショルダー・シュラッグ[No.32]	28 **98**
ショルダー・ロール[No.33]	28 **98**
シン・ストレッチ[No.69]	29 57 60 68 **107**
深呼吸	72 74
伸展	15 33
水中ウォーキング	45 47
	→ウォーキング
水中片足立ち	45
水中座禅	61
水中ジョギング	45 47
	→ジョギング
水中綱引き	45
水中バレーボール	45
水中ポートボール	45 70
水中歩行	57 59 60 70
	→ウォーキング
水中リラクゼーション	49
	→リラクゼーション
水平屈曲	15
水平伸展	15
スカーリング[No.11]	29 69 **92**
スカル・アンド・ハッグ[No.6]	29 69 **91**
スクワット[No.53]	28 29 69 72 74 75 87 **103**
スケーター・ウォーキング	39 65 87
ステップ・アップ[No.55]	69 **103**
ストレート・アーム・プル[No.3]	28 **90**
ストレート・レッグ・ウォーキング[No.23]	37 45 47 66 68 75 87 **95**
ストレッチング	42 57 59 60 61 62 85 89
スパイン・フロート[No.81]	49 57 60 61 68 70 75 86 **110**
前屈	38

運動名さくいん

前方回転	54
走行動作	18
	→ジョギング
側屈	38
足底屈	16　36
	→アンクル・ストレッチ
足背屈	16　36
	→アンクル・ストレッチ

<た行>

ダウン・ヒーラー[No.42]	29　45　47　57　60　69　70　86　89　**100**
ダブルボード・プレス[No.94]	55　57　60　69　**113**
ダルマ浮き	72　74
跳躍動作	17
	→ジャンプ
ディープウォーター運動	45　47　**116**
テザード・ウォーキング[No.86]	**111**
テザード・ジョギング[No.87]	**111**
テザード・スイム[No.85]	69　**111**
手つなぎ鬼	58
トー・ウォーキング	66
	→アンクル・ウォーキング
トラフィック・コップ[No.12]	**93**
トラペティウス・ストレッチ[No.72]	68　**108**
トランク・ツイスト・ジャンプ[No.45]	45　47　57　60　69　70　86　**101**
トリセプス・ストレッチ[No.78]	29　57　60　68　**109**

<な行>

内旋	17　33
内転	16　33
ニー・ベント[No.110]	39　45　**117**
ニーアップ・スタンディング	72　73
捻転	17
	→エルボー・タッチング・ニー
	→ボディ・ツイスト
暖簾に腕押し	34

<は行>

バーティカル・フロート[No.82]	49　61　70　**110**
ハイニージョグ	47
パスゲーム	58
バックワード・ウォーキング[No.20]	28　29　45　47　57　60　61　66　73　75　86　87　**95**
ハムストリング・ストレッチ[No.67]	36　57　60　61　68　**106**
パラバルーン	45
パルム・アーム・スカル[No.103]	69　**115**
パルム・アジテーター[No.104]	69　70　**116**
パルム・マエ・ウエスト[No.105]	28　69　**116**
バレーレッグ・ストレッチ[No.61]	57　60　68　**105**
ヒール・ウォーキング	66
	→アンクル・ウォーキング
ヒール・タッチング[No.46]	29　47　57　60　69　**101**
膝を曲げての回旋	37
	→ベント・ニー・ローテーション
ヒップ・サークル[No.36]	29　72　74　**99**
ヒップ・タッチング[No.37]	74　**99**
フォー・コーナーズ・ステップス[No.26]	29　45　**96**
腹式呼吸法	72　73
プッシュ・アップ[No.57]	69　87　**104**
プッシュ・オフ[No.56]	29　58　60　69　87　**104**
フット・トーイング[No.80]	49　57　60　70　89　**110**
フット・ローテーション[No.64]	28　57　60　68　87　**106**
フラター・キック[No.52]	28　29　47　57　60　69　72　75　87　89　**103**
プリエ	58
振り子	17
	→レッグ・ペンデュラン
プル・バック[No.77]	57　60　68　**109**
ブレスト・ストレッチ[No.73]	68　**108**
ブレスト・ストローク[No.8]	29　69　**92**
フローティング・ボディ・ツイスト[No.83]	70　75　86　**110**
フローティング・ラテラル・フレクション[No.84]	39　61　70　**111**
フロート・ニー・ベント[No.98]	69　**114**
フロート・プレス・ダウン[No.96]	57　60　69　**114**
フロート・ラテラル・レイズ・ダウン[No.95]	57　60　69　**113**
フロート・リスト・エクササイズ[No.97]	57　60　69　**114**
フロート・レッグ・リフト[No.99]	69　86　**114**
ヘッド・サークル[No.31]	28　29　57　60　**97**
ヘッド・シュラッグ[No.30]	28　29　57　60　**97**
ヘッド・トーイング[No.79]	29　49　57　60　70　89　**109**
ペルビック・ムーブメント[No.35]	45　**98**
ペンデュラン	58　60
	→レッグ・ペンデュラン
ベント・アーム・プル[No.2]	28　69　73　74　**90**
ベント・ニー・ローテーション[No.62]	37　57　60　68　72　73　75　**105**
	→膝を曲げての回旋
ホイール・ジョギング[No.39]	45　47　57　60　**99**
ボール遊び	45　55　89
歩行	17
	→ウォーキング
ホッピング[No.47]	29　45　47　53　57　60　69　**101**
ボディ・ツイスト[No.16]	29　68　87　**94**
	→捻転

<ま行>

マーチング[No.25]	29　45　47　65　68　71　73　87　**96**
マエ・ウエスト[No.27]	55　87　**96**
水しぶき作り	53
メリーゴーラウンド	53

<や行>

腰部のひねり	38
	→ボディ・ツイスト
横歩き	37
	→サイド・ステッピング

<ら行>

ライティング・ハンズ[No.1]	28　**90**
ライティング・フット[No.15]	28　36　75　87　**93**
ラテラル・レイズ・ダウン[No.29]	35　57　60　**97**
ランニング[No.109]	45　**117**
リアー・プッシュ・アップ[No.58]	69　**104**
リラクゼーション	42　48　49　61　70　72　74
リレー	89
レジスタンス・トレーニング	57　60
レジスティブ・トランク・ツイスト[No.89]	28　29　69　86　**112**
レッグ・シザーズ・クロス[No.108]	45　58　60　75　87　**117**
レッグ・ストレッチ[No.63]	57　60　68　**105**
レッグ・ペンデュラン[No.14]	36　58　60　72　74　75　**93**
	→振り子動作
レンジ・ウォーキング[No.24]	45　47　53　65　68　71　73　87　**96**
ロール・ボディ・ジャンプ[No.43]	29　39　45　47　57　60　**100**

<わ行>

ワニ歩き	53
ワンレッグ・エルボー・ベント・カール	88
ワンレッグ・スクワット[No.54]	29　69　87　**103**
ワンレッグ・ホップ[No.49]	45　47　57　60　69　89　**102**

［編著者紹介］

柴田義晴（しばた　よしはる）
　　　　1950年生まれ
　　　　1974年　東京学芸大学大学院教育学研究科修了（教育学修士）
　　　　現　在　東京学芸大学教授
　　　　　　　　日本体力医学会評議員，日本バイオメカニクス学会会員，日本水泳・水中運動学会諮問委員，日本体育協会A級スポーツ指導員

原　英喜（はら　ひでき）
　　　　1952年生まれ
　　　　1981年　東京学芸大学大学院教育学研究科修了（医学博士）
　　　　現　在　國學院大学教授
　　　　　　　　日本体力医学会評議員，身体運動文化学会理事，日本水泳・水中運動学会会員，日本体育協会A級スポーツ指導員

［著者紹介］

小野寺昇（おのでら　しょう）
　　　　1955年生まれ
　　　　1981年　東京学芸大学大学院教育学研究科修了（医学博士）
　　　　現　在　川崎医療福祉大学教授
　　　　　　　　日本体力医学会理事，日本運動生理学会理事，日本水泳・水中運動学会会員

藤枝賢晴（ふじえだ　よしはる）
　　　　1961年生まれ
　　　　1992年　東京医科大学大学院医学研究科単位取得退学（医学博士）
　　　　現　在　東京学芸大学助教授
　　　　　　　　藤枝医院院長，日本内科学会会員，日本体力医学会評議員，日本臨床スポーツ医学会会員

小西　薫（こにし　かおる）
　　　　1936年生まれ
　　　　1958年　東京教育大学体育学部健康学科卒
　　　　現　在　日本アクアサイズ協会会長
　　　　　　　　筑波大学・慶応大学等の非常勤講師，老人保健施設水中運動療法指導士

北川幸夫（きたがわ　ゆきお）
　　　　1957年生まれ
　　　　1982年　東京学芸大学大学院教育学研究科修了（教育学修士）
　　　　現　在　日本女子体育大学助教授
　　　　　　　　日本体育学会会員，日本水泳連盟地域指導者委員，日本体育協会B級スポーツ指導員

アクアフィットネス教本
© Yoshiharu Shibata & Hideki Hara　　　NDC781　130p　24cm

初版第1刷──2003年7月10日

編著者──────柴田義晴
　　　　　　　原　英喜
発行者──────鈴木一行
発行所──────株式会社大修館書店
　　　　〒101-8466　東京都千代田区神田錦町3-24
　　　　電話03-3295-6231（販売部）　03-3294-2359（編集部）
　　　　振替00190-7-40504
　　　　［出版情報］http://www.taishukan.co.jp

装丁・本文デザイン・DTP──齊藤和義
印刷所──────三松堂印刷
製本所──────司製本

ISBN 4-469-26524-1　Printed in Japan
Ⓡ本書の全部または一部を無断で複写複製（コピー）することは，
著作権法上での例外を除き禁じられています。